中央财政支持地方高校创新团队建设项目
广东公共管理教育综合改革试点建设项目
广州大学公共管理高水平学科建设基金
草根学术部落斯为盛学社学术成长基金

南国政治学人文库

FAMILY BUSINESS MANAGEMENT

王清铉◎著

家族企业管理
——百年企业的管理密码

中国政法大学出版社

2018·北京

图书在版编目（ＣＩＰ）数据

家族企业管理/王清铉著. —北京:中国政法大学出版社,2018.2
ISBN 978-7-5620-8064-0

Ⅰ.①家… Ⅱ.①王… Ⅲ.①家族－私营企业－企业管理－研究－中国
Ⅳ.①F279.245

中国版本图书馆CIP数据核字(2018)第021448号

出　版　者	中国政法大学出版社
地　　　址	北京市海淀区西土城路 25 号
邮寄地址	北京 100088 信箱 8034 分箱　邮编 100088
网　　　址	http://www.cuplpress.com（网络实名：中国政法大学出版社）
电　　　话	010-58908586（编辑部）58908334（邮购部）
编辑邮箱	zhengfadch@126.com
承　　　印	固安华明印业有限公司
开　　　本	880mm×1230mm　1/32
印　　　张	8
字　　　数	200 千字
版　　　次	2018 年 2 月第 1 版
印　　　次	2018 年 2 月第 1 次印刷
定　　　价	39.00 元

总　序

　　以丛书和文库的形式系统、集中地展示人类生活的历史与现实，以及对人类生活的历史与现实加以研究所获取的成果与知识，已经成为近年来中国学术界和出版界积极筹划和大力推进的，旨在繁荣和发展社会科学的有效方式。《南国政治学人文库》宗旨就是要努力构筑一个平台，让年轻的政治学人们能够客观、真实地记录和描述当代人类政治生活的历史变迁和现实变革，科学、公正地探索和阐释这种历史变迁和现实变革过程的因果联系与内在规律。

　　当今中国，存在两个不争的事实，支持和呼唤着科学的政治学研究。第一个不争的事实是，当经济变革、经济发展顺利时，经济学和经济学家是唱主角的；而当经济变革、经济发展出现问题时，仅仅靠经济学和经济学家就不行了，需要的是其他领域的知识及其生产者，尤其是政治学和政治学家。第二个不争的事实是，因政治挂帅、阶级斗争造成的庸俗政治曾一度使得正直的人们对政治和政治学厌恶、冷漠的时期已经结束，越来越多的人已经意识到滞后的政治改革才是经济改革不易深化的重要原因，任何有志于对中国总体社会变革作出客观、科学的解释、设计和预测的人们越来越感觉到政治领域、政治生活才是他们需要特别关注和研究的方面。风清气正的政治生活出现了，研究政治和政治学的兴趣明显增强了，政治学有望再度成为显学。

在当今的中国，政治，也只有政治才是深刻理解和全面把握总体社会变革、开放、转型、复兴的钥匙。纵观人类历史，任何伟大的总体社会变革，都是由政治领域、政治生活的变革为先导，又是以政治领域、政治生活的创新发展为后盾的。中国总体社会的改革、开放、转型和复兴也不例外。

虽然经济学家们特别看重经济领域、经济生活的革新在中国总体社会改革、开放、转型和复兴中的基础作用，但是，不充分估计20世纪70年代末、80年代初政治领域发生的变革，以及这一变革对经济领域变革的先导作用，就无法对这场举世瞩目的大变革的发生作出客观科学的解释。因为没有对"文革"政治的断然否定、没有对阶级斗争政治的决然摒弃，以实践标准讨论为内容的思想大解放就不会出现，后续的经济领域、经济生活的改革、开放也不会出现。

虽然经济学家们喜欢从经济领域、经济生活中寻找保持经济适度增长的动力，甚至有的人试图将政治变革撇在一旁，谈所谓的纯经济改革。但是，不充分估计当代政治中民主和法治的因素对市场经济的巨大影响，看不到正是政治领域、政治生活变革的迟缓，成为全面制度建设的短板，从而极大地阻碍了总体社会五位一体的协调推进，就无法正确地设计和确立持续深化改革的战略。因为政治生活嵌入在经济生活和其他社会生活之中，政治说到底不仅影响着资源配置，还决定着一切有价值的东西的权威性分配。总体社会的改革、开放、转型和复兴，最终都避不开、绕不了彻底、真实的政治领域、政治生活的变革。

看不清政治生活在总体社会生活中的地位，不懂得甚至轻视政治学研究的重要历史和现实意义固然是一种欠缺，但是，仅仅重视政治的效能和政治学研究的作用并不等于完全解决了政治学研究的问题。在这知识领域中，只有善于研究的人才能获得成功。有不少政治学家已经讲述过政治学研究的方法与途径，但我认为，在这些众多的方法、技巧和途径中，关键的也是最为基本的有两条。

一条就是研究政治学要服务于人民的愿望和要求。要联系人民群众的实际，努力创造出让民众能够知晓、喜闻乐见并加以利用的政治学知识。因为在政治领域中活动的是成千上万的有着不同政治权益和政治诉求的公众，政治过程的因果联系和内在规律并不是哪个有权势的人事先规定的，而是如恩格斯所比喻的，是无数分力按照平行四边形的法则汇集起来的合力。所以正如毛泽东所指出的："人民，只有人民才是创造历史的动力。"人民，只有普通的人民和民众才是政治生活的主人和创造者。要科学的理解政治，将政治学变成科学，就要把政治学变成能够被多数人，特别是普通民众所理解、所运用的科学。政治学曾经是少数人垄断的知识门类。政治学要获得发展，既需要将其从少数政治精英的手中解放出来，也需要将其从教条式、学究式的政治学课堂里解放出来，成为普通民众手中的知识武器。

另一条是政治学研究要服务于中国政治的变革与发展。有些政治学研究者误把西方的政治学理论视为具有普遍性的知识，强调中国的政治学研究要套用和服从西方的标准、概念和原理。有些政治学的研究者则片面夸大中国政治的独特性，强调中国的政治学研究要坚决拒绝和排斥任何西方的东西。站在这两个极端上是断然无法对中国政治学作出科学的阐释、概括和预测的。中国的政治是作为人类政治文明组成部分的具体政治，坚持联系中国政治的具体实践，梳理中国政治的历史演变和现实变革，阐释中国政治的制度、体制和机制，概括中国政治运行、变迁和发展的规律，由此产生的政治学知识必然是普遍性与特殊性、个性与共性的有机统一。它既能为人类政治学知识的增长与完善贡献力量，又能为中国政治的改革和发展提供智力支撑。

政治学研究不仅是一项充满理性的、理智的事业，还是一项富有艺术性的事业。著名政治学家霍布斯一方面将人看作是有理性的、"大自然"最精美的艺术品，同时又进一步将国家看作是人运用艺术才能创造出来的一个精致的艺术品。人只有和包括国家在内的政治生活打交道时，才能逐步学到精致的艺术。与霍布斯持相同见解的政治学家詹姆斯·哈林顿也指出："根据法律或古代经纶之道来给政府下定义时，它便是一种艺术。通过这种艺术，人类的世俗社会才能在共同的权利或共同利益的基础上组织起来，并且得到保存。"马克思主义的经典作家则从更高的层面强调政治是科学性与艺术性的统一。比如列宁就明确指出过，政治是一种科学，是一种艺术。

现代政治的艺术性不仅表现在政治设施、机构的设计和建构上，还表现在政治生活的治理上。人类曾经长时期处在对抗争斗的政治、暴力统治的政治、随心所欲的人治政治之下，这种残酷无情的低级政治正在离我们而去。虽然某些政治制度、少数的政治精英还在思维和行动上对其留恋不舍，其残余的力量还会顽固的产生作用，但是，和平、变革与发展的政治，互通、协商与和谐的政治已经成为人类期望和追求的目标。暴力政治、统治政治需要的是对权力的支配和掌控，和谐政治、协商政治需要的则是艺术性的治理。

由政治制度、体制和机制构成的现代政治生活大厦是要靠人依据政治生活的内在规律来设计、治理的。政治设计需要艺术性，政治治理需要艺术性，政治学研究必须具有艺术性。这种政治学研究的艺术性表现在两个方面：一是要尽量展现现代政治生活的艺术性特征，包括政治制度、体制和机制设计、建构和运行的艺术性，国家治理的艺术性；二是要尽量艺术性的设计政治学研究的过程、方法，艺术性地展示政治学研究的成果与知识。

《南国政治学人文库》是青年政治学人共同的政治学术家园。这里将聚集一批充满活力、没有多少教条束缚、敢于创新的政治学的研究者。这也是一片沃土，许多关于现代政治生活设计、建构运行和治理的真知灼见会像幼苗一样从这里破土而出，茁壮成长。这一学术家园，这片沃土，只要好好照料，定会收获一批批丰硕的果实。

严　强

（南京大学教授，澳门科技大学特聘教授）

2016 年春于南京大学仙林校区

序

  很早以前就想重写关于家族企业管理方面的东西，但一直压抑着这样的想法，觉得时机还不成熟，因为对于一种思想或者一种管理方法，可以成为被大众认可的知识是需要契机的。距当初烧毁《程序化管理》已有十多年，关口辟谷所写的那些东西，时常困扰着我。人是一个很奇怪的动物，其理智总是建立在事后，在事前只能被潜意识决定，这种潜意识就是人们常常乐道的命运。正如很多人希望坚决地取缔中医，认为中医是伪科学一样，还是有一些人认为中国传统的东西具有一些精华，老祖先的东西不能丢，留存文明的精华，去其糟粕，中华文明所走的复兴之道才是正道。2016 年，广州大学公共管理学院的陈潭院长要做一套社会治理的系列丛书，毛遂自荐地为其写了《创新 2.0 的人力资本与创新管理》一书，第一次正式把炎煌人力资本推进当代的社会管理科学中，这让我又重新燃起了重写《程序化管理》一书之心。

  管理学原本是一门很简单的科学，一个家庭、一个组织、一个国家，但凡是具有社会性质的地方都需要管理学。管理学是一个以人为基本单元，如何让一个家庭、一个组织、一个国家最佳运营为终极目的科学。因为管理学追求最佳，所以管理学本身没有最好与最坏，只有最合适，它是一个渐变完善的过程，管理学其实是人类社会在进化过程中总结下来的最佳实践。

  记得第一次读懂《易经》是源于老中医梁致堂先生。先生是清朝末年的人，他认为中医的内涵就是《易经》，于是在临死的时候，写了一本《易经数理秘笈》。先生所著比较杂乱，但最后笔者发现其讲了半天，想说明的东西竟然就是斐波拉契数列，明白了兔子序列，自然就明白了万物的生变原理。外公曾经是很出名的中医传人，有很深刻的理论内涵。他于清末民初从山东逃难到成都，后来竟然创办了一家医院，并参与建立了曾经很著名的协和医科大学，这些都是拜其深刻的理论基础所赐。在我们生活的这个世界上，去观察所有的事物，很难找到四叶的花，我们只能发现三叶的、五叶的，斐波拉契数列解释了为什么我们找不到四叶的。笔者在研究组织管理学的时候，喜欢谈论易经，也在于斐波拉契数列，这是万事万物的变化规律，这个变化规律隐含了人类所发现的黄金分割法。斐波拉契数列是一个逐渐向标准黄金分割数理靠近的数列，西方的管理学或者政治学的理论中缺乏这一块：我们生活的世界是向我们大脑认知中的"美"不断靠拢的过程。

要了解管理学或者想知道什么状态体系是最佳实践，其评判的基准点是对自然之道的理解。自然之道，包含三个要素：天、地、人。这三要素各有体系，循环交互而生。管理学之所以会有分支，在于管理者本人对于世界的认知与自我的认知。由于管理学本身是一种两维的知识，而三要素却是三维的，所以如果管理者想确立一种可描述、可实践、可重复的管理方法，就必须首先定位自己的出发点，确立自己应站的位置。由于人所站的位置不同，在管理学二维的操作方法上就会有不同。这些不同有些时候会导致人们思想的对立，当产生这种对立与不认同后，人类历史上的管理学会就走向死胡同，越是坚持自己的认知，反对他人的认知，最后建立起来的体系越是一种畸形的、扭曲的状态。这就解释了为什么表面上看起来异常强大的管理体系大多活不过百年，绝大部分体系仅仅只能生存30年，且大多管理体系具有奇特的"三十年河东，三十年河西"的表现。因为违反斐波拉契数列的事件，一定会很快地自我消融。但凡不符合美学的事物，无论其建立起了多么庞大的集权与威权，都不可能长久。

人对于世界的认知，如果不能脱离自我的约束[1]，在行为学的影响下，就会启动自我毁灭程序，管理体系的内部就会渐渐生产出完全相反力量，最后导致整个体系彻底崩溃。在自然之道这个大程序的影响下，人类社会的变迁，就有了周期与循环。作为企业，我们常常期盼创造百年企业，但企业的生命却往往只有几年或者不超过30年。这是为什么呢？其主要的原因就是管理失当。世界的变迁与循环是极其具有规律的，只有超越了自我的约束，产生出来的管理方法论，才能延绵千年，一直到后人忘记了这种管理方法论的真谛，忘记了其初衷时，这种管理方法才开始崩溃与灭亡。所以，创造一个企业，要想它保持百年以上是有方法的。

在一个家庭中，小孩子并不知道他做什么、怎么样做对他自己是有利的，什么东西或者养成了什么习惯对他是有害的，所以需要父母去教育他。父母需要教授小孩子生存之道，人类希望一代比一代生活得更美好的愿望，是这种管理的原动力。如果没有这个原动力或者基本基准，那么如何教育、到底教育什么，就没有了可以依赖的标准。家庭教育是人类最早的管理学知识，拥有这种标准与规范的家庭，慢慢形成庞大的家族，最后从家族走出来的孩子们统一了部落。所以本书在谈论家族

---

〔1〕 由于人类以前一直处于大自然的弱势状态，所以其遗传了与大自然搏斗的渴望，而如今人类已经摆脱了大自然的弱势状态，应该自觉地约束自己，让自己的行为符合天道。个人如斯，企业也如斯。

企业管理的时候，非常强调企业基准或者管理基线的建立。没有标准与优化基准的家庭，很难形成家族，更谈不上生活的幸福。在这样的家庭中，假如女婿出轨了，丈母娘岳父大人会走到矛盾的最前线，表达自我的不原谅与惩罚见解，根本不会觉得这些事件原本是自己女儿的私人事件，女儿的自我认知不断被父母影响与强化，十之八九会形成失败的婚姻与不幸福的人生。在这种家庭中，父母很难会意识到女儿的不幸福其实是他们一手造成的，而只会觉得过错在他人，甚至一致把责任归结到引诱女婿的狐狸精身上。

在人类发展的这几千年中，部落与部落，群体与群体之间，一直都在竞争，是从制约、合作过程中发展过来的。假如一个家族或者一个部落不强大，他们一定会消失在历史的长河中，人类的历史是胜利者与强者谱写的。可以说，我们人类这几千年的历史充满了血腥、暴力。人与人之间，群体与群体之间，由于资源与利益的冲突，不断上演着博弈与斗争，要活下去，更好地活下去，就必然需要管理，让组织最有效地发展与生存是这种管理的原动力。于是，家族组织开始有了标准与规范，拥有这样标准与规范的家族最后统一了国家。只有幸福的家庭才能建立家族，而只有强大的家族才具备立功、立言、立德的能力，短暂的富贵是不可能建立起家族的。

我们为什么需要管理和管理方法论呢？因为只有这种方法可以减少误区，具有效率。人类的管理学知识都是一代一代人不断总结得出来的，每一个经验都包含着无数的教训、失败与痛苦，甚至是血的代价。管理学是我们的祖先留给后人的衷告，《易经》就是我们的祖先留给我们的管理学或者哲学思想。

家庭的管理方法、家族的管理方法、组织的管理方法、国家的管理方法，依此递增的变易，每种方法有其同也有其异，以适应不同的对象。国家是众多小群体形成的共和状态，所以拥有家庭与组织群体的所有特征。但国家的管理却不能仅仅以组织群体为基本。在国家层面，但凡是不可再生的资源，国家需要去限制，对于不可再生的事物，在人类还没找到方法进行再生的时候，可以发展，但要限制发展。所以国家之管理重点在于法，需要人类的自我克制；部落群体组织之管理重点在于规，既有鼓励人天性的地方，也有限制人天性的地方；而家庭之管理，重点在于爱，取长补短是最重要的要素。但凡是包容了这三种基本管理方法论的管理方法，无论是组织还是国家皆能长寿，在时间长河中保持个体的强盛。

纵观人类自我的管理学变迁历程，存在非常明显的界限：原始社会阶段，人们主要是为了活下去而奋斗，所以其管理方法看重资源的争夺，但并不十分看重资源的完全占有。抢蛋糕比做蛋糕重要，所以人类社会在这个阶段进步与发展非常快。奴隶社会阶段资源争夺的目的就是完全占有资源，从管理学上看所谓的封建社会仅仅是奴隶社会的一种形式，其本质是一样的，都是形成阶级：统治阶级与被统治阶级，统治阶级完全占有资源。人类社会的演变在这个阶段非常缓慢。资产阶级的工业革命是人类发展历史上的又一次重大变革，它改变了人类社会一直以来以资源争夺与占有作为主要生存策略的环境，让人类社会的竞争从争夺资源的管理学变成如何创造资源的管理学，从分蛋糕的管理学变成了做蛋糕的管理学。这是人类总体对于自然认知的一大进步，但这种进步还不完善，于是产生了社会主义的思想，社会主义是人类潜意识中的理想——形成人类共同体概念，达到天人合一、和谐共和型的社会环境。

当代中国的家族企业生于动荡，活于不安。企业诞生于社会变革的时期，像野草一样生长，每个企业的创始人都是开拓者，他们是具有创造与创新天赋的群体。人是具有命运的，而企业也完全一样：一个喜欢冒进的人，其企业一定大起大落；一个胆小谨慎的人，企业很容易平庸。最完美的企业管理方法，一定是根据企业的特质进行配置的管理方法论。"天行健，君子当自强不息"，虽然笔者对于五行八卦仅仅只懂皮毛，且一直都混沌于顺应天命与抗击天命的平衡点中，这颇像很多企业家在集权与分权、创新与稳定的平衡点中的混沌一样。我们都是大自然的学生，笔者有幸能把一些心得分享出来，欢迎批评指正。

局外之人，自然有局外之话，如有认识浅陋，胡言乱语的地方，请大家多多包涵。既然言，需发乎于心，心无圆满，故皆有谬误。

在此感谢经济学家韩和元先生，如果没有奥地利学派的韩和元先生应该就不会有此书。中国人自古以来就有秘籍不外传的传统，而西方人对于知识与文化则认为是全人类的，认为知识是人类进步的阶梯，让我放下负担不断前行。感谢我的妻子周瑛女士，著书做学问是清贫的，需要专心致志，作为妻子她承担了巨大压力，如果没有她的支持，也不会有此书。还要感谢我的儿子王伯元，如果不是想着要给后人留一点什么，这本书应该也很难完成。更要感谢广州大学公共管理学院的陈潭院长，没有导师的抬爱与关照，具有争议的中国传统文化与这方面自主研究很难走向光明的殿堂。感谢书籍出版的幕后人员，校对、编辑、排版、美工等，他们的工作常常被人遗忘，但他们却是整个流程中最重要的人，感恩每一个曾经有缘分的人，感恩这个时代，感恩自己活在中国最好的时代。

王清铉

CONTENTS ■目　录

附　录

第一章 ▌企业的愿景与精神

　　风水这件事情看起来是一个相当神奇的东西，假如您是一个观察力很强的人，如果您驱车在山林中旅行，就一定会发现这样一个现象：虽然您并不了解区县的真正行政界限，但您却能从沿途山林的气象感觉出来。当这种经验积累到一定程度，您慢慢就会成为一个业余的风水先生，因为从风水气象的不同之处，您几乎可以判断出区县行政界限的不同。

　　我们生活的世界是一个全息的世界，万事万物皆有联系。同一座山、同一座林，因为它们不同的行政划分而具有诸多不一样。为什么呢？因为不同的行政管理具有不同的管理风格，这种管理行为时间长了，就会影响人心，影响人的行为趋向，管理的特点很神奇地与大自然之间有了交互感应。但凡植物茂密，山花盛开的地方，您一定会发现这里的人们生性淳朴。而在到处都是光秃秃，植物们没精打采的地方，您一定要小心，这种地方最大的敌人就是与我们看起来完全一样的同类，需要有一些戒心。

　　企业是一个组织，也是一个符合生物特征的事物。当我们建立它的时候，它诞生于什么样的地方，便具有了特殊的先天信息。这种先天的信息几乎决定了这个企业管理风格的趋向，盲目追求所谓的西方现代企业管理制度，企业最后一定会变成一个扭曲、难看的形状。企业家创造了企业，最后企业家却被

· 1 ·

他所创造的东西捕获，成为他自己创造的东西的奴仆。

之所以会这样，是因为企业家虽然具有自我愿景与精神，却没有真正给予企业愿景与精神，是企业家自我的这种愿景与精神过于幼稚与短见，最后导致他自己成了他所创造事物的牺牲品。假如一个人仅仅因为想多赚一点钱，而成立一个企业，这种行为很像是帝王管理框架下的农民起义军，过程会很热闹，但结局大多是悲剧。

一、我们为什么要创造企业？

人类在地球上生活，最早是以家庭为单元的。每个家庭有一片资源属于他们，地球的资源是有等级而且是有限的。随着人口的增多，有的人会处于容易生存的地方，而有些人则会处于艰难的地方。于是，家庭与家庭之间就会出现争斗，为了获取更好的生存资源而博弈，人性的恶就是从这个时候开始发展的。后来，人类发现单独的家庭很难保卫自己的利益，于是就广泛结亲，通过联盟来抵御侵略，也开始通过联盟来进行掠夺，于是产生了部落，部落的原始状态就是家族。一个大型的家族就是最早的国家，最早的国家是由具有创造天赋的部落建立起来的，由于他们具有创造的能力，所以可以改造不良的环境，可以创造优良的生存资源。他们组织联盟的管理方法，注重礼器，讲究共和与民主，形成了国家，所以其联盟紧密。家族企业，其实就是创始人为了要活下去，要创造美好的未来生活方式而建立起来的组织，它是由亲戚、朋友和有缘人合作发展起来的一种联盟组织。

（一）什么是家族企业

在家族企业中，财产所有权按血脉关系传承，家族企业的领导者会把股权传给自己的亲属或者其他他指认的人，其具有绝对的处置权，也就是说家族企业是具有产权人格化的企业。针对企业，家族可以随时更换管理层，假如一个企业的老板不能随时更换企业的管理层，企业对老板行使管理权具有任意程度上的约束，那么这个企业就不是家族企业。[1]

　　有很多民营企业认为他们是家族企业，因为公司的股份全是由有血缘的人持有的。但是他们开会时，却把企业当作家庭，做财务的老婆在全体员工面前打击做总经理的老公，做副总的哥哥坚决反对做总经理的侄儿。这是一个完全没有身份界限，不知道何时何地应该转换身份与角色的企业，这不是家族企业，仅仅是一个作坊。

　　弟弟做一个品牌的沙发，哥哥做另外一个品牌的沙发，这样的企业也不是家族企业。家族企业是具有资源优化的组织形式，但凡内部结构具有同质竞争的企业，都不是家族企业。真正的家族企业是具有企业愿景与精神、产权人格化特征并且资源整合优化过的企业。

◀微软公司是家族企业，虽然比尔盖茨只有 30% 的股权，而且他把他的全部股份都捐给了公益组织。

　　微软公司是家族企业，虽然比尔盖茨只有 30% 的股权，而

---

〔1〕　家族企业的本质是产权人格化，是以人的独立意识为基本特征的管理体系，所以家族企业产权不能分，家族企业创始人要牢记。

且他把他的全部股份都捐给了公益组织；丰田是家族企业、松下是家族企业，这些企业虽然大部分股权都不在一个具有血缘关系的人群中，但他们是家族企业。因为家族可以完全控制他们的企业，除非有一天这个家族败落了。那种仅仅认为一个家族成员掌握大部分企业股权，家庭成员与企业管理层拥有密切私人关系、拥有高层主要决策权的企业为家族企业的，是常规的经济学看法。经济学把企业当作是一个公司，一个赚钱与盈利的商业组织，他们并没有看到为什么在企业界只有真正的家族企业才能长久地生存下来。这是因为最优秀的企业都有一种无形的东西，而一般的公司却很少如此。本书中的家族企业是以企业的概念而非公司的概念定义的，企业与公司实际上并不是一个意思，把他们当作一回事情，是国内经济管理学的缺失。

（二）企业的愿景

中国的文化受到了很多帝王之术的影响，所以中国人的国粹就是内斗。这种东西深植于中国人的内心，所以在普通生活中，老百姓特别喜欢看宫廷剧。这种喜欢宫廷剧的群体，几乎都是一些没有正常幸福生活的群体，生活的轨迹一直由欲望所控制，一般其一生都会处于永远不能得到满足的状态。

◀农耕文化，由于不需要创造，所以人们有大量的时间。没有正事干，人就会找事，找一些可以刺激大脑奖励机制的事情，这就是宫廷内斗的源泉。

渴望皇帝生活的人，往往处于一种孤独的人生状态，在其建立起来的组织中，人与人之间的关系是利用关系，所以帝王是没有朋友的，只有奴才与敌人。帝王之术这种成熟的管理方法，起源于抢夺资源者的胜利。这种体制强调占有，而不是创造，所以很难具有创新与创造力。

一般而言，以产品、品牌、信用为发展模型的企业，是必须具有创造与创新能力的。对于这样的企业，评判管理的好坏，不是去看其管理得多么规范，而是看其拥有多少活力。我们曾经对失败或者消失的企业进行过一次大数据分析，想找到那些看起来并不缺乏创造能力的企业为什么失败了，最后得到了一个关键的因子，那就是"活力"。

如果我们打算建立起来一个具有活力的企业，那么其管理方法就只能重新回到远古，这是一种循环，八卦五行的变迁循环。按照远古的管理模型，在一切都要依靠自己的状态下，家族企业的愿景一定是以产品、品牌与信用为基本原型的。

企业的管理方法论，将以此推演发展，方是正路。行正路，可逢凶化吉。企业愿景是企业管理者给自己一个真实可行的目标，所以应该由管理者来书写。我们常常看到很奇怪的企业愿景，这是因为它是企业的底层员工帮老板写的，是企业官僚化的写照。

这是一种选择。在时代变革之时，当转型不是需求，而是目标的时候，重新把模糊的企业愿景清晰化，并成为行动指南的时候，我们就走出了第一步。家族企业是具有使命的，没有使命的企业也不是家族企业，因为家族企业绝对不会甘于仅仅扮演一个机会主义者，随波逐流，而是想建立一种保障。这种保障以保持家族长久的兴盛为目的。一旦企业的愿景是谋长远，那么追求整个家族的安全感是其愿景的唯一动力。

二、家族企业的精神与家规

（一）家族企业的精神

企业的精神绝对不只是吃苦耐劳，拼搏勇进等形容词所能表现的，要想了解什么是精神，只需要做一件事情，那就是从我们目前有什么直接跳跃到我们需要什么。很多企业之所以没有精神，主要就是没有去想，当我们达到我们理想的目标后，自我内心真正想要的是什么，以及不想要什么。正因为没有去考虑，当一个创业者实现了财务自由的时候，反而不知道自己应该做什么了。没有实现目标，成天都还在为下一顿饭吃什么忧愁的时候，人很难去想活着的意义。因为没有考虑活着的意义，所以当其已经不愁吃喝的时候，内心依然还有过去的恐惧感，一直都会有饥饿感、缺乏安全感，这会让其在一段时间中成为一个容易迷恋吃喝玩乐的人，但这是暂时的。

精神是人自我内心对于生命意义的看法，这种看法会因为人与人的不同有一些差异，但这都是他们的自我精神。对于企业来讲，企业的精神就是：我们实现初期目标的真正目的是什么。

一般而言，真正的企业家是一群不喜欢过"好日子"的人，为什么会是这样呢？是因为企业家看破了生死，理解了生命的价值，假如没有看破，那么也许他可以成为一个公司的领导者，但不会成为"企业家"，企业家是对家族企业领导者的称呼。

对于动物来说，日子过得最好的莫过于家中的金鱼，它们不会有生存的压力，它们的一生都有人照顾，它们的一生就是吃喝玩乐的一生。假如我们每个人都可以选择生命的形式，企业家会希望自己的人生是这样的吗？不会。因为在狭小的空间中活着，他们一定会认为是一种痛苦。对于动物来说，日子过得其次的是狗，它是养育者的朋友，时时刻刻都在观察着养育者的情绪，一有机会就去讨好。它们拥有一定的自由，其代价就是永远不要有自我，它们的命运是与主人联系在一起的，遇到不同的人，就有不同的人生。再其次是被圈养的动物，它们有一点点自由，也不愁吃喝。被圈养的动物在被养育时不给养育者任何回报。这种在过程中不产生价值，一直饭来张口的动物，最后都会被送到屠宰场。它们看起来有自我，但这种自我是被控制的，养育它们的人利用了它们的懒惰与贪婪。最不济的动物，就是野生动物，它们必须为了生存而努力，为了活下去而学习，为了保卫自己的地盘而搏斗。这种最不济的动物反而是企业家的最爱，因为他们活得自由，我的地盘我做主，他们喜欢流血流汗，他们的人生不是别人施舍的，而是他们的自我选择。

▲ 看起来猪的日子还不错

　　人生的意义就是精神，企业创建的目的就是企业的精神。所以家族企业，首先会强调家族，强调统一化。假如在一个家族中，有的人一顿饭花几万元，而有的人却需要为了子女上学而去卖血，那么这就不是家族。玄学〔1〕称其距为奴，祸不远亦。什么是家族，"人人为我，我为人人"是也。

---

　　〔1〕　玄学核心上其实就是统计学，但它如同中医一样，由于他们都是由某种现象总结出来的科学，所以容易有误区。比如人生某种病，就容易出现性格暴躁等特征，统计学就把其定义为有 A 就很有可能成为 B，这种推断或者大数据分析方法，既正确也不正确，其不正确的地方就是没有去推根寻源，A 往往只是一种表象而非实质的数学逻辑。

（二）家族企业的家规

家族企业必须要有家族的家规，没有家规的家族是不完整的。家族的家规不是家族内部的游戏规则，而是家族作为一个整体的对外行为准则。建立家规主要有两方面的原因：第一个原因是人类社会的发展变化，以及人类本身只是一个程序的汇总。我们人，其实只是一个机器，具有智慧的机器，机器的运转是靠程序启动的。作为独立的个人，天生崇拜强者，同时又害怕强者，崇拜的本质要么是害怕要么是欣赏。在人类历史的长河中，曾经有巨人族，这个家族非常强大，但是他们却消失了，为什么他们消失了呢？因为他们强大。当一个人或者一个组织变得很强大，那么其危险就来了，所以家族的家规需要规范家族的一些对外行为表现。第二个原因是在人的行为学中，群体行为会阻碍个体行为人对于自我的自制，当家族观念建立起来后，家族内部的群体，会不自觉地偏袒这个群体，形成群氓文化。群氓文化是具有很强攻击力的，这是家族强大的表现，但也会由此带来家族人员恣意妄为的后果。确立一种"己所不欲，勿施于人"的精神规范，是建立良好发展家族的基础。一个家族从一个小树苗开始成长，才刚碗口大就被其他家族所灭，一般都是因为这个家规没有确定好。在我们地球上，最强与最幸福的生命既不是狮子也不是鲨鱼，而是树，只有树不断地把自己的根扎下去，于是这种生命可以不断地繁殖，快乐而且幸福地生活几百年甚至上千年。

第二章　家族企业的上市

在这个世界上，生存 200 年以上的企业无一例外全部都是家族企业，只有家族企业具有长期生存的动力，而其他企业都会因时局的变迁而不断毁灭与诞生。就我们当下而言，我们可以很容易了解到欧洲的家族企业大约控制了 20% 的上市公司，其中在比利时、法国等国家其比重更是高达 35%。在亚洲，韩国家族企业的资产总量几乎与政府的资产总量相当。家族企业之所以能具有如此社会竞争力，在于其具有统一的家族精神，其延续是社会文化的重要内涵之一。

中国由于历史的原因，中国文化与中国家族基本上全部被毁灭，像那草原上的野草，被大火全部烧光。但野火烧不尽，春风吹又生，中国文化与中国家族必然会重新蓬勃发展起来，这是任何力量都无法阻挡的事情。

家族企业，家族人员的组成并不一定要有血缘关系，非血缘关系依然可以被定义为家族成员。但凡为了共同的目的组建起来的组织，实际上都是按照这样的标准进行的，家族成员不同于雇工，只要是具有良好的共同心愿而愿意合为一体的，我们都应该把他们确立为家族的一分子，而不应该仅仅以血缘的亲疏而确定。人有所长也必有所短，实际上所有传承百年的家族企业，其家族一定都不是以血缘来划定的，同一血缘的 DNA 相似度过大，从炎煌人力资本的趋向来看，其行为学风险就会很高。家族企业的内部一定又有家族，在玄学的五行八卦模型中，只有这样才是健康的、成功的模型。

对于家族企业，其发展变化一定是一种集团化发展模式，非集团化发展的家族企业，只能工于技巧，不能扩张，一旦扩张就是其失败的开始。是否选择走集团化发展道路，是家族企业创始人需要仔细思考的重大问题，其思考的结果，决定了不同道路的轻重缓急不同。选择 A 道路的不能兼得 B 道路的好处，选择 B 道路不能兼得 A 道路的利益，如果异想天开，一定会受到严厉的惩罚与教训。选择集团化发展的家族企业是横向整合企业发展模型，而选择纵向发展的企业，一般不建议上市运作。

常有人问我，为什么要上市，上市有什么好处。一般官方的语言是增加融资渠道，可以增加知名度，由此能够吸引优秀的人才来加盟。而我的回答是：如果你觉得企业出现人力资本的瓶颈了，同时认为企业的内部应该建立起来一种对于规范的敬畏习惯，那么就可以让企业的一部分上市，但永远不要让你所有的"鸡蛋"都去上市。

一、我们为什么要上市

一个公司之所以要上市，经济学的需求是建立直接融资的渠道，管理学需求就是为了企业化。企业本质上是一种资源配置的机制，而不是一个单纯以盈利为目的的组织结构。[1]

---

〔1〕 企业一词来源于日本，是日本翻译西方经济学知识的翻译语，日本人对于企业的认识比当代中国学者深，犹如日本人对于易经的理解也远远超过当代的中国人，虽然这些知识原本是华夏文明的一部分。

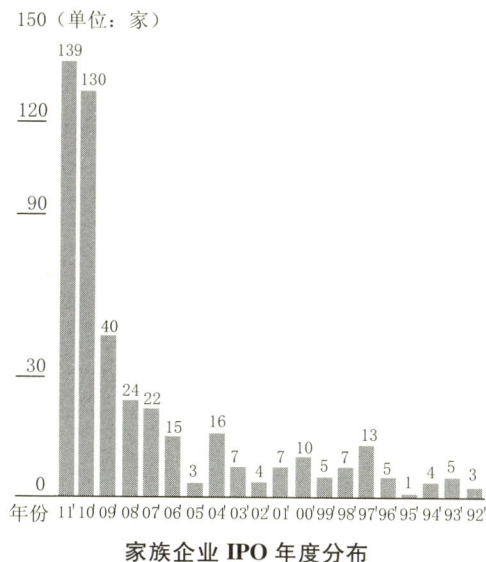

家族企业 IPO 年度分布

某公司最早是以市政工程起家的，在公路建设上赚到第一桶金后，进行了多元化的发展，公司上市后开始有房地产的单元、汽车生产单元、水处理单元等。之所以公司的业务形态演变成这般模样，是因为在机会主义市场，什么地方赚钱，公司就向什么地方进发，公司倒是变成了集团公司，但集团层面的组织结构却是缺失的，有其型而无其实。公司的控制者，让自己一手建立的企业成为由短期利益所引导的机器，内部管理相当混乱。这是一个公司上市后想要的吗？

也许这是有一些人想要的，因为这种模式就是让公司去承担债务，而公司的控制者获得资产的方式，这种方式快速地让一部分人富有起来，这是消费未来的模式。这种模式，应该是一种快速脱手，养猪来卖的模式。不过糟糕的是，超过50%的实际运作者却又不这样想。这些实际操作者往往在内心的潜意识里觉得他们养的不是猪，而是自己的孩子。于是，他们的未来就注定充满煎熬与混沌。[1]企业当然是自己的孩子，您内心的潜意识是没有欺骗您的，只是选择了错误的方法，迷失了对企业的认知与自我的认知。

在人的行为学范围中，有一个很有意思的现象：那就是时间是有魔法的，有很多人会随着时间的流逝，渐渐变成他自己以前坚决反对的人。这也是很容易解释的现象，那就是环境决定论，什么是环境决定论呢？比如一个受过较好教育的人搬到贫民窟中生活，他的大脑一定会对居民的很多生活习惯感到不适应，比如乱扔垃圾、横冲直撞等，假如这个人不能从这种环境中脱离出去，那么有一天他很容易也会做出这样的举动，因为他被同化了。所以，当一个公司暂时摆脱了生存的困境的时候，它就应该考虑企业化了。企业化的目的就是规划与建造一种符合自己理想的环境，由此摆脱受到环境约束与禁锢的命运。

一个公司之所以要去企业化，目的就是为了寻求更多的规范化。对于规范化的理解，笔者还想多举一个例子：非洲有很多部落，会给女子行烫乳礼，也就是一个家庭中如果有女孩的话，会在她到一定年纪的时候，把她的乳房割掉或者用火钳把乳头烫坏，其目的就是为了保护自己的女孩不受伤害。我们人类有很多这样的行为，为了不让女孩遭遇性侵犯，人们想出了"好办法"——让女孩看起来不诱人，于是社会就稳定了。

人类的愚昧与原始性无处不在，到底是男人无端侵害女性是过错，还是因为男人受不了诱惑是过错，这样的问题也许永远都会有争论，社会认知决定了其规范的方向。改变社会环境，比我们单纯赋予某种规矩要好得多，改变企业的运营环境，建设符合企业未来的环境才是重中之重。

---

　　〔1〕　养猪来卖的模式，是一种资本腾挪的方法，在特殊的格局中形成的特殊的格，资源交换的核心是权贵交易，这属于兵法中的奇，有奇无正，不能持。

◀ ChinaVenture 2014 年统
计的中国企业赴美上
市的情况。

2008~2014 YTD 中国企业赴美上市情况

企业想要去上市，莫过于如下三个原因：一是企业对于资金的需求，二是 PE/VC 的助推，三是它本身的进化需求。所以一个以市政工程起家的企业于上市后应该：

（1）产业整合。当一个公司暂时摆脱生存的危机后，第一件事情不是去努力发现可以赚钱的机会，而是去拒绝某些赚钱的机会，有所为而有所不为。有所为而有所不为一定是在整体暂时摆脱生存困境下进行的。假如还没有达到如此地步，那么这就是一种迂腐，而当达到条件，却没有这样去做，那就是一种愚笨。之所以有为而有所不为其目的就在产业整合，人的精力永远是有限的，企业的资源也永远是有限的，在企业的成长期，由于要追求速度，往往我们会不等条件成熟，从而在发展的道路上留下很多破绽。这些破绽外人不知，但企业的创始人应该是知道的，一个企业暂时摆脱生存的危机后，没有去弥补那些破绽，只有一个原因，那就是企业的创始者暂时性的忘记了"。

（2）企业化的上市单元一定是企业的一小部分，因为上市并不是企业的目的而是一种手段。要实现家族企业的百年大计，需要充分利用这种有效的手段，不断建立与完善企业产业生态圈。家族企业的业务范围，既需要有掠夺性的单元，又需要有创造创新性的单元。上市前一般都是比较单一的，而上市后，需要完善之。

（3）上市后，企业的首要大事是建立金融体系与人力资源体系。一般而言，还没有企业化的企业在这两方面的欠缺都比较多，当有精力与时间的时候，应尽快稳固并尽量提升这两个方面，因为企业的后续发展都是与这两个单元有直接关联性的。

（4）以工程、项目起家的企业由于其主营为机会主义的机会商业模型，其必须要在体系中增加运营类的单元，进行一些PPP的业务，加大投资力度也许是一种良好的发展方向。在选择这种机会的时候，要选择与自己的主营具有联系的，至少需要有变易的脉络，最佳的状态是能产生三个或者五个这样的脉络，以应玄学中的三才与五行，切忌双数。另外在选择PPP项目的时候，企业领导者特质也是需要考虑的，比如选择有轨电车的运营有时候比环保水处理好，前一种是取之于民用之于民，后一种主要要靠政府财政，不同的特质吃不同的饭。

（5）集团化管理就意味着产业剥离，集团化不是一个单一的聚合过程进行集团化管理需要采用集团化管控模型，集团化管控模型建议不要采用金字塔状，也不要虚拟化，建立企业首席管理是关键，因为在企业爆发发展的阶段，企业管理者的精力是不够的，他必然要让更多人来分担他的工作。假如其不去建立首席管理模型，必然会导致事实上的重臣环境，宠臣变重臣，最后间接鼓励员工与企业的博弈就会成为必然。另外，掠夺性单元的人力资本需求与创新创造性单元的人力需求与管理风格是具有根本性差异的，只有在集团化的环境中才能进行统一化合，自然万物相生，皆因化合之功。

二、如何处理家族企业的上市

很多企业家在企业上市后不知道应该怎么样做了，错误一个连着一个。忠言逆耳，这也很像农民起义军得到了天下，当他们的短期欲望实现的时候，他们往往会自己把自己干掉。为什么会这样呢？因为所有的成功都是因为一口气，憋着那口气而成功。当内心的这口气下去的时候，由于以前并没有真正想过如何去经营天下，只是想着要成为某种人，所以成为事件推动型公司，既然是事件推动型，当然躲不过不断犯错误的宿命。

时势造英雄，企业的创造者一定是因为时代的变革，他们正好处于合适的时间与地点，于是他们成功了。很多企业创始人也许会觉得自己与其他人不一样。的确，有不一样的地方，其天赋人性一定是具有英雄气概的，非此不能成事，但具有个人天赋的人，没有天时与地利，一样是不会成功的。

假如一个企业创始人想建造一个家族企业，而不仅仅为了赚点钱，那么就应该按照家族企业的管理方法来进行企业的上市运作。什么是家族企业的上市方法呢？这里面包含了股权的分配原则，也包含了整体企业的战略发展规划。缺少整体发展规划，以及不恰当的股权分配原则，是公司管理与企业管理差异的最核心部分。

询问企业的创始人，是否希望把企业建立成百年企业，100个人有100人都会说愿意，他们很希望如此，但实际上这100个人中大约只有一两个人真的是这样想的。为什么说至少90%的人，并不是真的想建造一个百年企业呢？这很简单，因为绝大部分人的内心经常想的是企业还能活多久？一个根本无法对未来5到10年有强烈预期的企业管理者，是不可能去建立百年企业的，因为活下去是最重要的问题，建立百年企业仅仅是一种单纯的愿望而已。只有那些对于未来 3 年~5 年，5 年~10 年有强烈预期的管理者，他们才会去真正考虑建立百年企业这个问题。

当一个企业具有了上市企业的单元时，他们就满足了可以真正考虑这个问题的条件。不过，不是所有的人在具有可以考虑的条件后，都会真正去考虑这个问题。当有人说可以帮助他们建立百年企业，他们并不会由此而兴奋。这有两方面的原因：一方面，他们虽然嘴上说要这样做，但内心并没有真正这样想，他们并不需要你去为他们建立百年企业，一个刚刚占领城市的农民起义军领袖，首先想到的一定是如何建造后宫，寻找美女，而不会是民富国强。之所以会这样，是因为他们内心并不相信他们自己能够建立百年企业，因为不相信所以具有这样的行为趋向。只有刘邦才会，刘邦之所以会，不是因为他高瞻远瞩，而是人只有在信任与机缘非常巧合的时候，才会获得大功。

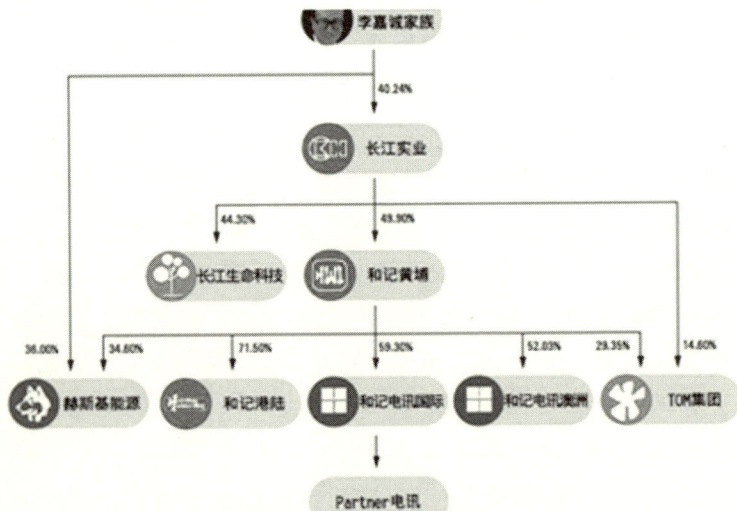

李嘉诚家族控制他们家族企业的方式

对于企业管理来说，理论上任何一个具备上市单元的家族企业，都有机会建立百年企业。当然，没有上市单元的家族企业依然可以建立百年企业，之所以以上市公司来说明，仅仅是因为这样表达起来比较方便，但凡上市公司一定会出具很多资料，这些资料可以反映他们目前与未来的状态，任何一个公司在达到类似的经济条件——具有一定的企业规模，持续的连续盈利或者具有未来盈利的巨大可能，拥有清晰的企业战略发展规划时，即一个可以让投资人看得清楚，说得明白的故事样本——他们就具备了建立百年企业的条件。做得好的家族企业，几乎没有一个是"把全部鸡蛋放在一个篮子里"的，这之中李嘉诚控制家族企业的方法，很值得其他华人家族企业学习。

三、企业化的董事会议事规则

土，在九宫八卦中属于中间，中宫为土。一个企业的董事会就是土性，董事会不是创新与发展的机构，而是一个决策部门。一个家族的董事长，如果恰好其特性也为土性，其董事会的议事规则可以如下：

（1）董事长在进行董事会议事时，一般情况无表决权，只有在议事不能决的情况下，董事长才具有一言九鼎的决策表决权（在家族企业的董事会中，董事长一般是企业的创始人，德高望重，其一言一行皆如帝王。如果帝王首先对事物或者事态有了自我的态度，那么董事会必定会一叶障目。人都是有缺陷的，伟大的人也一样。虽然伟大的人不容易犯错误，但他们一旦犯错，就将是毁灭性的。所以，一个家族企业要想长期兴旺不衰，就需确立第一条准则：董事长这个职务的本身，不能参与议事，表达自我见识）。

（2）参与议事的董事，不能自我表达意见。董事会是一个合作组织，不是争论谁是谁非的地方。所以，董事与董事之间见解不同，不能正面演说、表达与质问。在董事会会议之中，各董事对自我的见解，需要以向董事长表述为准。由于董事长不参与议事，所以每个董事在议事的时候，都需要把董事长作为表述对象，董事之间不能直接对答。

（3）具有两种不同意见，不能达成一致的，由董事长单独决策。不能进行所谓的民主决策，人类发明的民主决策，表面上看起来非常公平，其实是非常不科学的。因为对于难以取舍的事件，如当我们对于到底选择 A 还是 B 很难决策的时候，如果游戏规则说：赞成 A 的举手，没有举手的就作为支持 B，事实上就是游戏规则确定了 B。表面上看是大家民主决策的，实际上却并不是。董事长只要能利用这种人性的缺点，其实就充分控制了决策的方向。

（4）家族企业的战略布局，一定不会具有短期赢利的要求，各董事一定需要严格遵守这条规矩，唯有如此，方有从容。短期赢利的要求，不是在董事会层面讨论的问题，而是在执行层应该确立的。董事也许有多个身份，但应该在不同的场合恪守各个角色的规矩。

（5）同舟共济。家族企业最核心的精神就是同舟共济，这个原则需要永不背叛。批评容易而管理难，作为决策与评估机构，其工作导向一定是尽量为事件的直接管理运营者排忧解难，而非评判。所谓集团管控，不是要把让企业建设得多么规范，而是要尽量激发活力。就人大脑的组织而言，由于其逻辑具有编译器的特质，所以人人都可以成为品论家。在没有企业管理精神的环境中，你一定会发现人们在品论他人不足的时候，总是头头是道，但一旦切入某个问题到底应该如何解决时，所有的人都不知所言。企业一旦鼓励这样的行为趋向，其官僚化与腐败化一定会成为必然。企业的每一件大事，都需要实践验证，让企业永远在失败中学习。当一个公司已经集团化的时候，每个董事都应该充分理解：当企业走到这种时候，董事最大的责任，不是去尽量保证企业的决策多么正确，而是要尽量减少企业的错误。

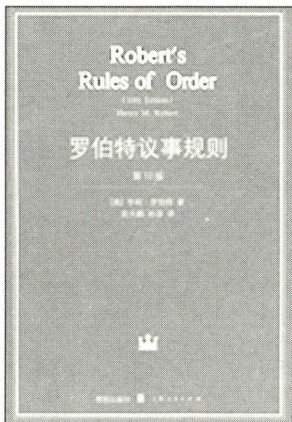

◀亨利·马丁·罗伯特1876年编写的《罗伯特议事规则》一书是美国开始崛起的里程碑，每个家族企业管理者都应该读一读。

（一）什么叫管理失当？

所谓管理失当，就是指管理行为的结果并没有达到管理的初衷，仅仅是应事而为地设计出来的制度或者某种规则。比如，企业的管理者发现差旅费等居高不下，人为确立企业员工不同的出差住宿标准，这就是一种管理失当，因为管理的目的，是为了规范人的行为或者引导员工的行为，其目的是为了使其更好地工作或者更好地产出。假如为了控制某种单独的费用预算，而伤害了管理的原本目的，这就是标准管理失当的行为。又如委内瑞拉，其外汇收入的90%都依靠石油出口，在经济危机时，政府决定做一点什么，而后竟然强行一次性提高石油的销售价格6000%。这其实是一个笑话，不但不会对自己有利，反而断送了改革的良机。管理是一种崇高的使命，企业管理之所以常常会出现简单而且粗暴的管理制度，其主要是外行管理内行的原因，任用听话的外行、闭门造车的工作作风是企业管理效率低下的主要原因。中国文化与中国家族之所以会有一次彻底毁灭，一定是因为存在某种错误，而且这种错误已经到了愚蠢的地步，不然不会有此劫难。所以中国文化与中国家族的复兴一定不会是复辟，而是要取长补短，重新塑造。不然，一定会陷入矛盾与茫然。对于权力机构，如果没有良好的规矩，很容易演变成官僚机构，而官僚机构平均管理失当的数学概率是68%。

（二）董事会争议化解法

由于人的人格是由五行八卦所组成的，所以人与人之间必然存在见识的不同。哪怕是同样的五行八卦元素只要信息相关者所处的角色、地位、利益不同，人们就必然会在决议某件事情的时候，产生争议。对于争议的化解，个人建议可以如下进行：

当家族企业的管理者知道某件事情一定会产生争议的时候，可以采用帽子戏法。帽子戏法是爱德华·德·波诺博士开发的一种有效的思维技能：当我们在召开会议的时候，主动提供六顶帽子，既白色思考帽、红色思考帽、黑色思考帽、黄色思考帽、绿色思考帽、蓝色思考帽。

白色思考帽代表信息，戴上它，思考者只专一地考虑与信息有关的东西。如：在这方面我们有什么样的信息？我们需要怎么样的信息？我们希望得到什么样的信息？我们对市场的情况到底了解多少？等等。这些我们叫它为白色思维逻辑。

红色思考帽暗示着情绪与情感，人们戴上它可以加入个人的直觉、预感、情绪等等。这种逻辑思考一般是基于一个复杂的经验得来的，"你们的感觉如何？你感觉是？"

黑色思考帽是带有负面的思考逻辑，指出危机、困难、故障、弱点，指出某件事情为什么行不通。

黄色思考帽是带正面的思考，代表乐观。一般它会去寻找利益点、价值观，进行乐观，具有实际意义的思考。

绿色思考帽是生机盎然的代表，代表创意与创造性的想法。新的想法、建议可以超越我们目前拥有的，而直接到达我们需要的跳跃性思维逻辑。

蓝色思考帽是冷静的，它是天空的颜色。它代表过程的控制与组织。蓝色思维是计划与控制，并从中找到最合适的。

当人们被要求按照这种方式进行思考时，人们原来有可能产生的争议就会被化解。争议的原因在于信息各方坚持自己的见解，而让他们在会议的过程中扮演不同的颜色，他们的大脑神经系统就不会紧张起来。只要家族企业的管理者经常采用这种方法，家族企业的董事会会议便一定会一改以前的气氛。家族企业的管理者在这个过程中，训练了家族人员不再固执己见，赋予了每个家族分子以智慧与团结。

◀ 爱德华·德·波诺（Edward de Bono，1933 年 5 月 19 日~），马耳他人，法国心理学家，牛津大学心理学学士，剑桥大学医学博士，欧洲创新协会将他列为历史上对人类贡献最大的 250 人之一。他在 20 世纪 60 年代末期提出的"水平思考"方式，改变了日常人采用"垂直思考"方式容易出现的问题。这种思考方式在 20 世纪 80 年代末期曾经在香港大专界掀起一阵热潮。此外，他在 20 世纪 80 年代中期提出的"6 Thinking Hats"TM（六项思考帽）思考法至今依然被广泛应用。

四、公司应该怎么样企业化？

公司企业化的过程，就是企业战略的执行过程，这是关于企业战略、组织、计划的一体化结果，当企业已经有了一个比较好的战略设想，我们应该怎样具体化呢？我们先来了解一下人工智能与信息化，很多人以为所谓的企业信息化，就是把日常工作的过程让电脑来存储，这是对企业信息化严重认知错误，企业信息化是一种最佳管理实践。什么是最佳管理实践呢？就是说在类似的行业与类似的企业中，其实践下来最优的管理方法就是最佳管理实践，所以一个企业在进行信息化的时候，不是用电脑把现有的工作记录与存储起来，而是把某种实践的心得，通过电脑的程序固化下来，让企业的所有人从中获利。

人这个动物，之所以不同于其他动物，就在于人类具有分析判断的能力。但每个人却会对同一件事物或者事件具有不同的看法，这种不同的看法就是不同的人具有不同的分析判断习惯与方法。什么东西是最好的呢？也许没有，因为所谓的同一件事物与事件之间往往具有微小的差异，而这些微小的差异决定了事物的变易趋向。但一定有一种状态是最合适的，这种最合适的状态就是一种智能的状态。

在我们生存的这个世界里面，我们人类是如何确定什么东西是最合适的呢？有两种方法：一种是实践，通过不同的实践，然后从结果中总结出来；还有一种就是通过某种最优秀的人或者最强大的人的思维习惯推算出来。后一种一般是根据前一种获得的，由此成就了一个所谓的最优秀与最强大。

欧洲有一个人工智能的项目叫 AlphaGo，其已经战胜一名中国的围棋职业选手。观察其思考问题的过程，与当初炎煌人力资源系统的分析方法完全一样，采用神经网络分析，其有两个逻辑结构：第一层神经网络把大量的矩阵数字作为输入，通过非线性激活方法进行取重，然后产生一个数据集合输出；第二层神经网络系统再次加工这个矩阵，重新再次识别矩阵数据。AlphaGo 由此具有两个大脑，第一个神经网络大脑是监督学习的网络策略，它可以预测每一步的最佳概率。第二个神经网络大脑，不是去猜测具体的下一步，而是评估每个棋手赢棋的可能。正因为此 AlphaGo 可以评估围棋局面，同时又能有效地阅读各种围棋走法的信息数据，所以它可以智能地下出每一步好棋。AlphaGo 的这种算法战胜围棋世界冠军仅仅是个时间问题。

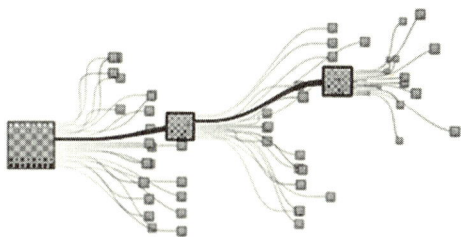

◀蒙特卡洛树基于一套给定规则：任意给定的棋局盘面会有一个"合法走法"的集合，其中每个走法都会把棋局引向一个新盘面，而这个新盘面又会有自己的另一个"合法走法"集合，每个走法又对应一个新的盘面。企业的战略规划过程，就是这样一个过程。

　　所谓智能就是最合适，反过来理解也行，最合适就是智能。企业计算机决策管理，核心就是对于人的一种模仿，想象了一个企业管理方法，模仿人的决策与运营程序。而今天我们谈论家族企业管理，用了很大的篇幅去介绍企业的人格化，认为只有具备人格化的家族企业才是真正的家族企业，并认为企业信息化系统就是一个智能地判定下一步最佳走法的神经网络组织也是这种思维的延续。

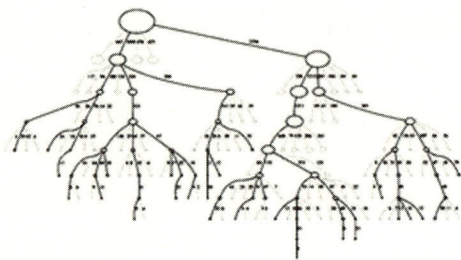

◀信息系统做分析是依靠非对称树适应搜索空间拓扑结构的增长，它可以把计划不断地与战略目标进行对比，产生输出。企业化的过程，也是这样一个过程，有些时候我们发现我们错了，于是企业化树就不会在这个方面继续向下，而是重新搜索正确的道路，然后把资源与力量，向树根一样向大地延伸。

　　企业的信息化系统是可以思考的，只是这种思考也许需要企业 CIO 办公室的分析师把它显现出来。假如没有这些数据，人们又怎么能知道企业的战略是否是合适的呢？既然不知道企业的战略是否是合适的，企业的企业化战略又怎么能得到保证呢？曾有人说：把信息化系统作为职业经理人的战略基础是合适的，但对于企业的创始人价值就不算大了。因为对于他来说，他比每个人都清楚企业的根根底底，花费几百万去建立信息系统性价比不高。这种说法既正确也不正确，关键是要看企业的规模，假如企业一共就 100 人，那么这种说法就是正确的，假如企业已经几千人，我们相信人永远比不上机器与系统。从人的行为学研究来看，一个人如果不通过合适的系统与体系，其最大的管理范围与顶级管理能力极限是 150 人~180 人。所以企业在企业化发展过程中，企业的信息系统一定是其发展的依赖。前面我们已经探讨了公司企业化。企业战略的确定对于一个想谋求百年发展的企业来说，其业务一定是需要跨界的，而经营范围一定是需要全球化的。假如一个企业一直都是地域性公司，一直都在某项单一的产业中，它又怎么能历经百年呢？这是一个数学概率的问题，单一的点在历经风险的时候，崩溃的概率是81%。既然跨界与全球化是百年企业必须去建设的，没有科学化的系统，靠几把老枪，就能把企业的根深扎下去了吗？那几乎是不可能的。企业的信息很庞大，计算机也不可能对所有的信息进行计算与评估，在人工智能中，我们常采用蒙特卡洛树[1]对关键信息进行搜索算法，所以这就是我们非常关注企业财务系统与人力资源系统数据的原因。通过这两个系统的数据，我们就大致可以判定企业的当前状态与未来一定阶段的预测。财务信息数据如果告诉我们已经超越了极限，信息系统说您会死于资金链断裂，如果不提前修正，就会发生这种问题，这就是蒙特卡洛树里面的集合。因为数据是不会说谎的，只有人会说谎，这是因为人特别是局中人会有利益与利害关系在里面。

妈妈，冷水壶是邻居小文打破的。

◀说谎是一种需求或者是人性，因为某种利益或者利害关系，人就会不自觉地去逃避。马克·吐温说："没人能够忍受与惯于坦率直言的人生活在一起，不过谢天谢地，我们谁都不必非得如此。"

　　所以一个公司进行企业化战略，需要依赖信息数据，根据数据来说话，用数据来推理企业的变化发展，这是可以在全球任何地方、在任何领域都通用的方法，也只有采用通行一致的工作基础，这样的集团才不会因为发展而成为散沙。在企业首席管理框架下，其战略的计划一定是这样进行的：CEO会出一

────────────

　　[1]　它诞生于20世纪40年代美国的"曼哈顿计划"，名字来源于赌城蒙特卡罗，象征概率。

个计划，这个计划应该很宏大，但有点儿像海市蜃楼，它的目的是指明方向，说明我们想要什么。COO 也会出一个计划，这个计划需要 CIO 提供数据与分析报告，COO 的报告是一种落地。这种落地的报告，应该会有三个主题，我们目前拥有什么，我们经过努力后可能得到什么，还有什么需要我们去争取。需要我们争取的部分，是需要全体首席进行多次讨论的，讨论完毕然后形成计划。值得注意的是，企业的经营风险会集中在每一个部分，从数学概率看他们是 3∶4∶3，也就是说从常规上，我们认为目前已经拥有的，今后可能产生经营风险的概率是 30%，需要经过努力达到的部分，其经营风险是 40%，而需要我们争取的部分发生经营风险的可能性是 30%。机器比人好的地方是它永远根据逻辑与数学概率进行思考，而人往往是根据经验与直觉。就人的主观性而言，一般在考虑类似的问题的时候，会不自觉地把关注点集中在我们需要争取的部分，人的行动往往都不是站在全局观点上的。如果您经常参与企业的董事会会议，仔细回忆一下，那么您就会了解到我们所言无虚。

（一）企业战略规划

所谓战略规划，就是制定组织的长期目标并将其付诸实施，它是一个正式的过程和仪式。[1]

企业战略目标是企业使命和宗旨的具体化和定量化，是企业奋斗纲领，是衡量企业一切工作是否实现其企业使命的标准，是企业经营战略的核心。是否具备这样的战略是一个公司步入企业化的核心进程与里程碑。把企业战略规划理解为聘请几个能说会道的人做一堆 PPT，然后宣贯热闹一阵后，企业就具有

---

〔1〕 很多人对于决定组织未来大事事件的仪式不感兴趣，觉得仪式是花哨的虚荣心与教条主义，从八卦五行来说，缺乏仪式的大事件，就缺少八卦中的巽，没有巽元素的八卦之易，绝对不会获得成为强者的结果。

了战略，这是白花钱的行为。

　　企业创始人一定都是从单一的公司发展起来的。当公司发展到一定规模的时候，一般就会企业化，对于如何企业化，大多数企业的创始人是不知道应该怎么样做的。我们在研究企业管理的十多年中，一直都在思考一个问题，那就是为什么会有那么多人对于企业战略规划如此儿戏。在抛开各种环境条件后，比如国有企业之所以喜欢假大空的战略规划，其环境因素主要是体制的原因；而大部分民营企业根本就不做战略规划，主要是其还没有条件去做高瞻远瞩的事情，解决当下与应急一直都是其重中之重。那些还没有条件，就开始花大力气进行战略规划的公司一般都属于东施效颦。这些问题的答案，都不是最核心的影响因子，按照八卦五行的运营模型，有一个真正的原因，这个真正的原因就是人性的弱点。人是由动物进化而来的，其原始的天性具有趋利避害的特点。当我们很仔细地研究并作出一个详细的、真正的战略规划时，绝大部分人会因为把未来看得太清楚，害怕困难而放弃这样的道路，他们宁愿选择一种看不清楚的道路，内心具有侥幸心理，觉得也许可以碰一下运气。人不是一个完全理智的动物，在我们身上有着非常多原始而幼稚的行为习惯。假如管理者是一个没有坚定信仰的人，那么其最后的选择，从大数据统计的结果看，极多的人都会选择一条侥幸之路。只有具有信仰的人，才知道这个世界的真正运营之道乃人间正道是沧桑，真正的战略规划，管理者一定会从中看到机会，同时也看到困难，在人生道路中从其难而不从其易的人生态度，让其具有了到达彼岸的能力。人是软弱的，绝大部分人是不敢直面困难的，所以从行为学上讲，很多人之所以不愿意去规划未来，是因为其内心一直都有赌性。所谓的赌性，就是对于未来结果判断10%的人能成功，而90%的人会失败时，

80%以上的人，都会认为他们自己是那10%的人。从炎煌人力资本数据分析的角度看，企业管理层如果五行缺乏土，同时八卦元素缺乏震，其几乎100%不会主动去做战略规划的。这是很正常的事情，人有所长，必有所短，假如认识到自我的缺陷，那么就可以利用他人的长处来弥补自我的弱势。当我们理解战略规划是建立计算分析树的树根，是一个蒙特卡洛过程的时候，人的内心就具有了震的元素。

这个世界上最伟大的企业规划，在我们看来是由英特尔联合创始人郭登·摩尔于1965年提出的，这就是著名的摩尔定律。人们已经把这个当作一种定律来使用，其实它原本只是一个企业的战略规划。摩尔定律的大致意思是：半导体芯片上可集成的元器件的数目每12个月便会增加一倍，也就是说同样规格的芯片每12个月其成本就会降低一半。戈登·摩尔的发现不基于任何特定的科学或者工程理论，它只是实际情况的映射。于是，整个硅芯片行业就把这个当作了行业的努力目标，于是形成了人类历史上最伟大的企业战略规划，这个战略改变了人类进化的发展进程。

企业战略规划，一定不是人单纯的欲望表达，单纯的欲望或者梦想，是一种发散性的思维，它往往脱离了我们现在拥有的，而直接跳跃到我们想要什么。人的行为一旦完全被想要的东西所迷惑，就会产生行为学上的乌托邦行为。乌托邦行为是一种非常有害的管理思维，不论是对个人、对企业还是对国家。作为具体工作目标的任何计划，都必须根据现实的情况进行总结，并发现其运行规律，根据这种规律，然后推算其以后的变化方向。当这种变化方向有一天与我们的梦想渐渐重合的时候，我们就能找到我们进行工作计划的支点。企业战略规划是与项目管理知识完全重合的，人们在进行工作目标的设定时，往往并不知道自己完成工作的时间是多少。对于企业战略规划来说，完成目标的时间是不能拍脑袋确定的，而是需要采用数学公式或者算法来进行推导的，犹如摩尔定律一般，这才会是真正有价值的企业战略规划。

摩尔定律最初的计算是存在问题的。在 1975 年，戈登·摩尔根据可获取的经验数据，重新把翻倍的时间确定为 24 个月。在后来的三十年中，这个伟大的企业战略规划就一直保持到今。所以企业的战略规划并不是一成不变的，没有神一样的预测也没有完全完美的管理，管理方法是需要修正的，但一个企业战略规划修正的次数与时间间隔，代表了企业战略规划师的水平。所以，真正的战略规划是不会需要宣贯的，因为它仅仅是一种发现，发现企业原本没有注意的细节，然后根据这些细节沙盘一下它的变化方式与过程，这样的东西需要给企业所有人宣贯吗？不需要，只有小孩子都能理解的东西，才是真正的战略。

摩尔定律不会永远成立下去，虽然人类是非常具有创新能力的动物，高成熟度的管理水平可以极大地激发这样的优势，但总有一天会达到天花板，这世界上所有的东西都有极限。什么时候是极限，一个高级的企业战略规划师是需要进行判断的，如果不加以判断与处理，其规划的整体事业一定就会面临崩溃与灰飞烟灭。所以，一份优秀的企业战略计划，是有终点的。企业有一天必须转型，只有家族企业的精神与管理方法可以永远传承下去，而家族企业的业务有些必然会有终结的一天。

（二）管理的精髓是引导而不是规范

国内的经济学者，大多是学院派，根据一些西方的理论然后建立起中国特有的经济管理体系。他们一般认定"一股独大""任人唯亲""人治管理"是落后企业的特征，其理性体系看起来伟大，实际上却是完全忽略人的天性与自然之道而形成的破坏性方法。家族企业必须一股独大，也必须任人唯亲，一股独大可以避免很多由人的欲望与见识不同而导致的内斗。假如任命一个人，却不信任他，就一定会在过程中产生很多限制与防范的措施，企业内部人与人的防范，自然就会催生阉党与佞臣壮大发展，不是有些人内心有多么坏，而是整个体系在"鼓励"他们向某种方向发展。这是利用型社会组织与合作型社会组织最根本的不同，合作型社会组织的"人治管理"是充分认识到人的天性从而引导人的行为而不是规范。

当家族企业有上市单元后，企业一定会集团化。为什么一定会产生集团化呢？上面我们已经说过需要优化资源，需要建立生态产业圈，这是业务发展的需要。从企业管理上，这个时候我们需要建立企业的金融中心、人力资源中心、信息中心等。为什么要建立金融中心呢？因为这个时候也许我们已经需要信投，我们需要建立一些信托资产，信托资产除了为家族企业的传承服务外，还有一个功能就是平抑上市单元的剧烈波动，这些都是我们必须做的。假如我们不去做，那么就根本无法获得引导企业的力量，企业就只能在一个并不适合生存的环境中随波逐流。家族企业之所以失败，大多是这三个中心没有建立好造成的。"规范"两个字，东抄抄西抄抄，把一些自己根本不懂的东西，抄过来就可以形成无数的文件。笔者相信就国内大多数家族企业的人力资本，其企业的相关人员都没有达到可以去真正建立规范的级别，不懂企业管理不懂家族治理之道，分辨不出什么是精髓，什么是糟粕，什么状态是最好的状态，什么状态是最差的，怎么能做好规范呢？所以有其形而无其实，应该是目前大多数国内企业部门管理的通病。这也很像大多数公司进行信息化，招聘了几个大学生，然后设计了一个所谓的公司信息系统，于是就觉得他们已经信息化了，当使用了一段时间后，他们得出信息化是一个没有实际意义的东西。

　　一个公司之所以上市后就开始具有企业化的能力，原因在于上市可以让企业的价值放大，提高债务融资的能力，实现融资扩张，更为重要的是，品牌与知名度实现跨地域，方便吸引人才。企业管理最重要的东西，一个是现金一个是人才。企业化的结果与目的，不是要让企业步入多么伟大的卓越，而是让企业开始了平凡化。芒格曾经说过："理性代表着放弃一些东西，理性是一种选择。"一个人，特别是企业的管理者，要想获得智慧，就必须静下心来思考，追求平凡的同时，自然就超越了平凡。

◀幸福来自于平凡，所以企业化的结果与目的，不是要让企业多么伟大、卓越，而是让企业开始了平凡化。芒格曾经说过："理性代表着放弃一些东西，理性是一种选择。"原来是市场与环境选择了你，而现在你可以选择市场与生存环境。

　　就中国的股市来说，其特点与西方发达国家的股市有质的区别，所以在中国的股市中不会有巴菲特与芒格，但中国股市会产生索罗斯，当然他不会产生于体制内，而是用境外的身份。在这种环境中，家族企业的上市单元需要避免其害，最好的方式就是不要去模仿"体制型资本"的习惯，因为其目的是不一样的。由上海国家统计学院统计的二十大控制性股东掏空上市公司的事件中，有65%属于家族企业。[1]中国的家族企业之所

　　〔1〕　参见王明林：《上市家族企业委托代理问题研究》，光明日报出版社2011年版。

以没有像国外的家族企业那样，是与市场的游戏规则非常相关，要破解这种难题，也只有"一股独大""任人唯亲""人治管理"，形成引导体制，而非规范体制，此乃家族企业之良方。若非如此，今后企业内部的管理就会陷入潜规则领导的怪圈中，但凡实体任命，都会渐渐走向领导层揉沙子之术，以管理层相互制约为主，企业内部渐渐脱离合作的氛围，而走向利用。政治斗争将成为整个企业的主线，而不再能够以发展为唯一的目的。

（三）部门管理

部门管理的水平，决定了整体企业的战略发展实施。知识是具有象限的，不同的部门应该有不同的知识。这些不同象限的知识，会带来不同的生命观与价值观。所以任何一种所谓企业文化的传播与建立都不能建立在大一统的基础上，企业只要强调唯一的价值观作为文化，那么企业内部将就此结束了进化。很多管理者不明白这个道理："你必须不断地去亲吻青蛙，以求发现埋藏在青蛙中那可以属于你的王子。假如你觉得很恶心，不愿意去亲吻青蛙，那么很有可能的结果是，你最后终于嫁给了青蛙。"这种价值观与文化趋向，一定是向企业中的外向部门传达的。作为企业的外向部门工作者，他们会从这种调皮的浅显的、具有深刻哲理的价值观中，品味出他们的行为方向，这就是管理者希望看到的。假如我们把这种企业文化向全体企业员工传递时，作为内控管理部门的人员，如果他们接受了这样的知识，对于企业来说，一定会是灾难。所以这就是国外企业发展出首席管理制度的原因，每一个不同的象限，都具有不同象限的文化与习惯。

家族企业的创始人为什么成功了？很简单，家族企业的创始人一定是一个坚强而且具有毅力的人。中国人经历了两千多年的君主制度，一般人大多心理脆弱。在君权主义下，强者容易被淘汰而弱者更容易生存。为什么纨绔子弟很难获得人生的成功呢？因为他们从小就受人照顾，所以在其大脑反应程序中，受人照顾是天经地义的，所以其一旦跨入真正的生活中，一定会是一个经常生气与埋怨的人，他们会不自觉地认为受人照顾是天经地义的事情。

就企业来说，缺乏生活自理能力的员工，其对于企业的态度，大多也会如此，他们的内心会对企业的所谓不公正相当敏感，同时对于企业往往仅具有索取的心。一群内心脆弱，而又极具幻想的员工，应该如何管理呢？他们是很容易被煽动的群体，当企业采用高大全的理念来统一他们思想时，应该说是比较容易的。但他们却常常缺少攻坚的力量，对于想法多却缺少攻坚能力的人来说，如果采用民主的作风，那也一定是灾难。

家族企业的人力资源中心没有做好，从统计学来看其第一大原因是老板没有授权，第二大原因是用错了人。第一大原因的起始在于家族企业的创始人，把人力资源依然看成是服务部门，而不是管理部门。家族企业都是从小做到大的，由于历史原因，其人力资源部门仅仅就是一个服务部门，一个打杂的活。当企业化的时候，老酒换新装，当然无法授权，既然无法授权，自然也就不可能做好。

人力资源中心是一个管理部门，需要能够实施管理的人才。什么是能够实施人力资源管理的人员呢？这个人应该有如下特质：

（1）当一群人走过来，这个人虽然第一次到公司，但他（她）应该基本上知道每个人大约是做什么的，如果告诉他（她）这群人中有哪些人，基本上她就都能一一对上。

（2）当这群人中的一些人给他（她）聊了几句天后，他（她）基本上能够猜测到这个人的大约经历，能够判断其行为的一些基本趋向。

（3）如果够厉害，也许还能像算命先生一样，熟知人情世故。

◀狭隘型社会的典型形象。江湖上之所以出现这样的职业，是因为具有这样职业的社会是个漏斗型，社会除了一条狭小的通路外，没有其他之路，没有发挥自己能力的地方。这就如家族企业招聘员工，都是领导一句话，根本不需要人力资源管理，那么干人力资源的，如果他们厌倦了自己的生活，如果他曾经是合格的，就会成为这个样子。

如何使用企业人力资源的方法论，是对于家族企业管理风格的不同变化而言。西方家族企业之所以持续兴旺，国外的学者研究认为是家族企业股权比较集中，各企业包含上市单元之间是彼此具有特殊关系的"决策型"代理人的原因，这种代理人不会通过津贴、不合理的投资来侵占股东利益，其代理成本最低，因为其彼此之间的信息不对称是最低的。

就人类社会人与人之间的矛盾，大部分是由信息不对称造成的，至少人与人之间的矛盾有60%以上带有误会的因素。所以企业保持一股独大是利大于弊的，这至少保证了唯一的、公认的决策人，企业具有这样的决策人，才可能具有真正的部门管理。人是不可能永远不犯错误的，在面对具体的事件时，首席制度的核心就是首席仅仅只考虑他专业方面的最优，而不考虑企业整体的最优，由于永远从一个唯一的角度观看整体的状态，有些时候就会发现首席与首席之间的结论矛盾。而执行者，永远是在各种矛盾中选出他认为最合适的道路来。

　　就部门管理，其管理成熟度从二级向三级的转变是最难的。从二级向三级转变，有几个重要的里程碑：一个是企业首席制度的确立。二是项目经理全权负责制。制度上的保证是企业管理成熟度提升的重要过程，这是战略层面的。战术层面，虽然具体问题需要具体的分析，就我们总结出来的，觉得企业从管理成熟度向二级转变，最难的是人心的转变。企业的项目总监，或者企业的变革推进者，必须建立起一种规则：团队之间需要无条件的相互信任，认为你自己的伙伴是值得信赖与托付的。信任的建立需要在平时不停地训练团队人员，个人的荣誉感、团队的荣誉感，荣誉感是比生命还重要的东西，对于违反相互信任原则的事件必须重处。二战时期的名将曼托菲尔曾经有一个污点，他在战争期间曾经枪毙了一个19岁的士兵，这个士兵当见到他的同伴被俘虏的时候，他完全吓着了，没有做出任何解救的措施，同时事后也没有向上级汇报。军事法院原本并不打算执行死刑，但曼托菲尔坚决地执行了死刑。笔者觉得他是完全正确的，正因为他的正确，所以但凡他所领导的部队，总是最精锐的，无论这个部队原来是什么。就二级向三级转变的企业，工作会按照项目管理的责任矩阵来进行任务划分，对于没有完成自己承担责任范围内任务的人员，笔者向来认为其是应该受到处理的。对于项目经理、项目团队人员，必须贯穿一致地培养其相互配合相互支持的工作习惯，要他们全心全意去信任自己的同伴，而对于违反信任原则的事件，那是组织的事情——培训、训练、赏罚，这是最后的里程碑，是无法减少的关键过程。

◀哈索·冯·曼托菲尔 1897 年 1 月 14 日生于德国波茨坦（Postdam），他出身于一个有政治和军事传统的普鲁士贵族家庭。曼托菲尔以一个优秀战术家而著称，二战中他那熟练而充满想象力的装甲部队指挥技巧屡次让盟军受挫。

就家族企业来说，是否采用企业首席制度与家族企业创始者的生长环境有关。如果企业创始者生长在有很多兄弟姐妹的家庭，而且兄弟姐妹都在某一方面很出色，那么其采用企业首席制度的概率最高。其兄弟姐妹也许根本对企业一窍不通，但却是一名画家，或者是一位优秀的教师，这种环境，会导致企业创始人拥有一个非常容易听从别人建议的人格。而独生子女，或者家里都是女孩，只有他一个是男孩的情况下，这样的企业创始人一般都会独断专行。与其他企业管理研究者不同的地方，我们比较赞赏顺其自然，觉得一个组织应该根据核心人物的性格特征来进行配置比较好，以尽量发挥个人特质。不过由于反对者众，所以还没有确定其是否适合中国家族企业，仁者见仁智者见智，仅供参考。我们觉得，首先在上市单元进行首席管理制度，集团循序渐进较好，因为上市公司原本就不是我们的。关于部门管理的业务技能与知识点太多，作为家族企业的管理者来说是不需要完全了解的，但家族企业需要建立起组织级的培训体系，把每个人的优秀都变成一种可以传递的知识，这时，家族企业管理者就只有一件最重要的事情要做，那就是选将。

（四）企业的股权原则

家族企业的股权原则需要"一股独大""任人唯亲""人治管理"。所谓一股独大，是指家族企业顶层控股公司必须一股独大。常有人跟笔者说，我们是一股独大的，我老婆的40%是干股，我与她实际上是一股，但笔者并不这样看。现代人追求功利，觉得实际上是什么就是什么，认为协议、合同等都是一种形式。中国古人说，一个人要慎独。为什么要慎独呢？因为当你一个人的时候，你可以做任何事情。人其实是一个很奇怪的动物，由于人类是社会性的动物，所以人往往会受到社会性的约束，黑帮的父亲教育自己的儿子，如果你想教训某个人，不是不可以，但有一个条件，那就是要在没有其他人的情况下。人由五行八卦而生，所以每个人内心既有善也有恶，遇善则激发善，遇恶则激发恶，天道循环，因果报应。每个人都活在人类自己无法改变的大程序下，做人要简约，一是一，二是二，假如企业注册；老婆有40%的股，那这40%就是老婆的，不是自己的，如果不这样想，今后必生祸端。

某企业上市了，创始人占60%的股份，企业创始人觉得这个公司自己全控，所以想把这个公司变成家族企业。这能行吗？当然不行。上市公司是公众公司，怎么能把这个公司当作是自己的呢？不过，太多的人是这样想的，觉得这个公司就是自己的，所以不断地打造与发展这个公司的个人崇拜，从这个上市企业开始，慢慢进行着集团化，这根本就是原则上的错误。上市公司平台原本仅仅只是家族企业的一个小分支，上述做法本末倒置，假如他们不被生活所惩罚，那才是真正的奇怪。

上市家族企业：家族成员高管与非家族人员高管主要职位任职情况对比

家族成员高管具体职位任职人数占所有家族成员高管人数的比例（%）	具体任职职位	非家族成员高管具体职位任职人数占所有非家族成员高管人数的比例（%）
8.8	董事长、总经理	0.3
27.9	董事长	0.8
1.9	副董事长、总经理/总裁	0.2
1.2	副董事长、副总经理	0.1
3.1	副董事长	0.9
5.0	董事、总经理/总裁	1.7
5.4	董事、副总经理/副总裁	3.4
22.4	董事	15.4
2.5	总经理	0.7
4.0	副总经理	12.4
1.4	独立董事	23.5
1.3	董事会秘书	3.1
1.1	监事会主席	2.6
5.9	监事	20.2
0.5	财务总监	3.6

▲ 不仅仅是家族企业本身，整个业界，包含西方的业界都认为只要上市公司被家族控制，只要董事长与董事是家族成员就是家族企业。我们认为这些观点都是错误的，是界限不清的表现。

上市公司很难达到企业人格化，它会受到资本的影响，企业决策的影响因子多而复杂，所以我们是不认可这种定义的，这与社会主义没有自己的企业经营管理理论有关。

　　"任人唯亲"是什么意思呢？在本书中，我们会花专门的篇章来讲企业的生态平衡圈，我们之所以非常看重企业的生态平衡圈，一方面是因为其是最佳的企业经营方法论，另一方面，笔者觉得这是最符合天道的一种分配既得利益的原则。企业是一个组织，既然是组织，那么就需要具有头脑，这个头脑的利益必须首先是被组织保障的。假如一个组织的头脑，其利益不能被保障，组织没有产生相关的通路，那么我们就会发现巴拿马之门。[1]既得利益的分配原则往往被某些管理制度体系的组织所忽略，就如上例中我们说的老婆的40%股份，被董事长认

---

　　〔1〕 "巴拿马之门"是指由国际调查者同盟公布的离岸金融公司总部在巴拿马的莫萨克·冯赛卡律师行的离岸金融文件，文件揭露了各国政治人物的海外资产，其中包含了140个政治人物。

为也是他自己的一样，想当初老婆把嫁妆 20 万投入给了公司，而且还长期担当公司的财务总监，公司在这种八卦五行组合的努力下发展壮大起来。但当公司上市辅导时，公司就与老婆在法律层面上没有关系了，变成了董事长占 90%，这就是标准的既得利益分配没原则的表现。家族企业一定是由亲人、朋友与有缘人共同努力而建立起来的，企业一旦成就规模，企业就只有一个人了，企业开始宣传绝对权威，开始神化创始者。这一切其实都是为了那 90% 的股份做准备，这是既得利益的分配不公。我们一直都大力向所有的企业家宣贯企业的生态平衡圈，为什么呢？因为每建立一个生态平衡圈的单元模块，企业家都应该把其分配给曾经的有功之臣，这就是"任人唯亲"，这才是真正的集团化。

　　什么又是"人治管理"呢？人人为我，我为人人，就叫"人治管理"。家族企业，一定是一个开放性的平台，唯有开放式的平台，才可以源源不断地吸引优秀人才的加入。在全面项目管理系统平台中，我们引入了一个"企业贡献度"的指标，企业的每个人都会具有这样的指标，这个指标是与企业金融中心的投资额度有关的。另外，人的工作能力一定是有强有弱的，企业永远要用最胜任工作岗位的人，要用人唯贤而不能用人唯亲。当家族企业成为规模，过去很多具有汗马功劳的人也许就不再适合某个岗位，当他们不再适合的时候，就应该主动退出，享用利益所得，但不再参与具体工作。实际上当家族企业壮大，家族企业办公室产生后，自然又会产生出很多过去企业没有的岗位，而这些岗位都是为整体企业服务的，每个人都能找到相对应的合适位置，完成自我的人生实现，这是非常完美的状态。

　　（五）价值观与文化趋势

　　家族企业的价值观与文化趋势绝大多数时候就是这个企业

创始者的价值观与文化趋势。企业创始者的生命轨迹是其价值观与文化趋势的产生根本。推行价值观与文化趋向不能用制度的方式进行，甚至不能用语言，而是要用气场。假如家族企业创始者本来不是某种价值观，却希望学习某个优秀企业的文化，笔者觉得其一定会失败。从易经模型来看，我们个人都有每个人的特质，我们每个人都有很多缺点，对于某些同样类型的事情，老是会犯同样的错误，常常提醒自己要改变，希望今后不要再犯，但往往当事情来临的时候，不自觉地就又犯了。往往在犯了不可立刻修正的错误后，我们总是非常沮丧，觉得自我修为不足。以辅佐他人成功为职业的人，他辅佐的那个人一定也是会有缺陷的，所以他的人生一定也会由此而受磨难，既然决定去辅佐，那么他的内心就应该做好陪伴其一起受磨难的心理准备。很多人之所以不能这样想，主要是觉得自己是正确的，老板没有听从好的建议，内心产生愤怒与怨恨罢了。笔者觉得世界上是不存在永远正确的明君，因为每个人都会犯错误，所谓利益共同体，就是我们能够一起去体验成功与失败。人生利益的得与失并不重要，重要的是人生的过程。

某企业打算进军新能源汽车，于是收购了一家传统的汽车厂，又控股了一家制造电池的公司，整合为一个新能源单元。这个新单元运行了一年多，整合后的汽车厂与电池公司的工作方式竟然与原来几乎没有什么不同。这个企业的管理者应该还没理解到企业与公司运营的不同，他们这个新能源单元的公司注定会失败。

◀ 家族企业的营销单元是火；
家族企业的监事局审计部门是水；
家族企业的平台本体是土；
家族企业的中央研究院是木；
家族企业的金融部门是金；
这就是我们常说的五大中心。

　　就家族企业管理方法论来说，这个新能源单元的公司成立就是一个标准的部门管理模型。部门管理模型应该如何建立家族企业的价值观与文化趋势呢？

　　第一，办公地点应该是一个开放式的空间，组织结构应该是扁平化的，所谓组织结构的扁平化，是项目的负责人一定是与团队人员在一起办公的，在这个空间中需要充分地体现团队的气场。项目负责人在成都，团队人员在上海，项目怎么能融合呢？办公地点但凡有点职务就有一个独立办公室，一个部门就有一个办公室，这是标准的层级官僚管理方法的气场设计。一个需要进行创造与创新的业务单元，采用官僚主义管理方法论，会带来高昂的运营成本，资源配置一定会没有优化机制，如果外部市场不能建立垄断地位，在市场化状态下其失败应该早在一开始就注定了。第二，一个单元的气场，一定是负责人的气场，负责人的气场就是他的管理方法论。对于家族企业来说，管理方法论就是他们的价值观与文化趋势，要想一个业务单元成功，第一要素就是选择合适的项目负责人，只有合适的项目负责人才会给企业带来适合的预期。家族企业的创始人可以是一个强势的机会主义者，但当企业要建立类似的整合时，他就必须选择符合能够推动创新要求的人来负责具体的部门管理。人各有天赋，当授权给某个人实施某个项目的整合与创造，就代表项目责任人自己没有这样的天赋，因为没有这样的天赋，所以需要授权，家族企业的创始人可以这样想：正因为自己不行，所以才授权，能行的人在思维方式与细节上一定与不行的人是有差别的，所以责任人应该尽量不去影响执行者。就企业管理来说，如果企业管理者在总结失败经验时，最后发现是员工能力不足，最大错误源一定在于企业的管理者自己。这就像我们教育自己的孩子，孩子没有长进，责任在于父母，这也代表了目前情况超越了"父母"的能力，"父母"需要去学习。既然自己的方法没有产生好的结果，那么就应该首先放弃自己过去的经验，要勇于寻求新的解决之道。

权责分离是一个很好的组织管理方法，总结很多企业运营的失败我们可以得到：企业之所以会犯如此的错误，在于企业的规模与形式已经存在，但企业的管理者依然停留在过去公司管理的经验上。要很好地理解这方面内容，可以参阅后章我们关于企业管理成熟度模型的描述。总体来讲，企业的管理重点在于战略，在于整合能力，而公司的管理在于细节。大多数这样的案例失败，都是公司已经进入企业阶段，但管理者还没有意识到企业的管理与公司管理的不同，其精力与关注点的轻重缓急之处是应该不一样的。整合能力不是指领导者的这方面能力，而是家族企业五大中心的和谐平衡，只要企业五大中心的管理是体系化的，我们常见的很多错误，都自然会消失。

第三章 ■ 家族企业的人力资本与创新管理

对于立志要建立家族企业的管理者，其人力资本原则是用人，需要用好人。恶人可用，但要被完全控制，若有失控风险，应尽量不用。恶人很好用，因为其性不择手段，容易达成企业短期目的，但天道循环，因果报应，我们生活的世界是多维的，是息息相关的世界，没有人能逃脱那因果。

一个企业的人力资本原则是这个企业的"气"，一个好的企业管理咨询师判断一个企业的好坏，不会仅仅去看企业的财务报告。因为对于不同性质的公司来说，当前的财务报告并不能说明一个企业的好与坏，一个目前看起来盈利的企业，也许是因为其做了某个工程，而获得这个工程是因为某种机缘。一个公司目前赚到很多钱，并不代表它是一个好公司，这样的公司太多不胜数。而一个公司财务报表很难看，并不说明它就是一个糟糕的公司，生产特斯拉电动汽车的企业到 2013 年时，其财务报表依然难看，已经难看 10 年了，但我们并不会觉得这个企业不好。判定一个企业好坏，主要是看这个企业是处于正循环的环境内，还是处于负循环的环境内，这是我们判断一个企业好坏的标准，即玄学中说的"气"。这个"气"一点也不玄虚与深奥，其实它就是一个数学公式，这个公式是这样的：

$$1.01^{222} = 37.8 \qquad 0.99^{222} = 0.03$$

这个公式的意思就是指一个处于正循环的事物，如果每天只进步那么一丁点，一年后这个底数为 1 的会成为 37.8，而处于负循环的企业，一年后底数为 99 的，会成为 3。这是多么惊人的结果呀，如果没有数学，有些时候，我们的理解是非常容易有误区的，虽然我们知道会有差别，但不会想到差别会这么大。

一个贸易公司能够成为家族企业吗？不能。因为这种公司盈利的模式是低买高卖，公司的本身并不产生价值，公司的盈利模式主要是根据信息不对称而建立起来的。同样，一个工程公司，如果没有建立起来自己特殊的工程方法与技巧，它也是不能成为家族企业的，这些公司都不能成为企业，从而无法进行传承。[1]要成为家族企业，必然需要创造，需要建立有自己特征的核心竞争力。这种竞争力的产生与发展，在玄学中被定义为"畜"，从人力资本上来说，只有人的八卦属性中，具有"畜"的因子，才能确定一个企业的正向循环。所以一个企业要想成为家族企业，奠定成就百年企业的基础，必然需要特殊的人才构架。

这种特殊构架的核心是鉴别什么人是适合做什么的。拿创新管理作为例子，创新是一种能力，这种能力是相对于模仿来定义的，但却并不是模仿的简单外延。这很像我们远远地看到一座山，有一条弯弯曲曲的路，我们知道这条路可以通往这座山。创新并不是说，我们不走那条弯弯曲曲的路而选择重新踏出一条路，而是指你不但重新走出了一条路，而且这条路与原来的那条路相比，有特殊的性价比。只有如此，这种重新走出来的路才有价值，才会有越来越多的人来走。正如鲁迅先生说的那样："世间原本没有路，走得人多了，自然就形成了路。"

---

〔1〕 我们一直说单纯房地产企业永远也无法成就家族企业，而倡导其多元化，就是这个道理。

于是创新这种能力可以创造巨大的社会价值，可以让社会资源重新定向，从而保证企业的发展活力。

企业创新行为的驱动与执行是一件完全依靠人的活动，创新行为过程的核心是思维活动的激发与约束，以不同的单元人为组合的团队形成的人才配置，决定了最后结果的形态与样式。什么样的人适合进行创新活动，什么样的人不适合是具有人力资本模型的，创新管理是一种以人为本而形成的由上而下的管理框架。

一、炎煌人力资本分析概念

炎煌人力资本的分析，是企业中央研究院项目管理体系采用的一种方法。众所周知，软件开发是一个创新型的活动，软件工程管理就是这种创新性行为的科学管理方法。这种方法已经被摸索了三十多年，软件工程学最早发起于北大西洋公约组织，发起软件工程的管理方法的目的是，把人类长期以来从事各种工程项目积累的经验总结出来，形成一种行之有效的原理、概念、技术与方法。[1] 这种管理方法是一种以目标导向为基本框架的管理方式，这种方式在进行项目管理的时候，是非常有利的科学方法。

炎煌人力资本分析就是产生于这样的环境之下，在日常大量的创新型活动的管理中，我们发现首先以目标框架为根本，然后进行资源配置的方式，其最后的创新结果或者交付物非常依赖技术构架师的能力。也就是说，在这样的管理框架下，假如技术构架师的能力不是很完善，那么哪怕团队中有大量优秀的天才级的创新工程师，其最后的交付物，也并没有实现团队

---

〔1〕　参见陈松乔、任胜兵、王国军编著：《现代软件工程》，北方交通大学出版社 2002 年版。

所有能量的爆发。原有的创新管理框架是根据目标而进行资源配置的，但大多数时候我们并不能完全根据目标找到最合适的团队。不过我们在操作过程中却是根据我们假设可以找到合适的人员来进行工作目标分解的，根据目标分解然后确定每个单元的人操作过程的权责利，这就导致了整体团队管理并没有根据量力而行的方式进行，常常不得不赶鸭子上架，项目操作单元的总体结果与目的就产生了差距。如何根据团队具有什么样的人才，而进行资源的配置，把目标管理变成一种惊喜管理呢？创新管理的人才配置管理就应运而生了。

要实现把目标管理变成一种惊喜管理，最重要的核心元素就是对于人的判断，即什么样的人能够出什么样的成果。虽然经验非常丰富的管理者在选择团队进行团队组建的时候基本上都是正确的，但这仅仅是一种经验主义。是否具有一种科学的、可以严格标准化的方法来实现惊喜管理，就是大范围对人力资本进行大数据分析调查研究的初衷。

（一）人是具有天赋的动物

中国古人曾经说：三岁看大，七岁看老，这里面的科学道理，我们可以从基因学、现代医学的大数据分析中获得。在基因学以及现代医学研究中，最具有研究价值的是双胞胎的研究。对于双胞胎行为生物学方面的研究最早来自纳粹德国，是以一种非人道的残酷方式进行的科学研究。随着生物医学的发展，先进的科研设备使用，人类基本上已经掌握人的生命行为特征大约50%不是直接来自基因，而是与其生长期间的环境、温度、激素水平相关。以双胞胎为例，双胞胎在母亲体内胎盘中，吸收激素水平的多少，决定了其强势与否的特性。吸收激素多的，其表现为具有攻击性或者自私保护性，他会对他的兄弟动手动脚，把兄弟踢出一定的范围，充分表现为人的强势特性，他不喜欢有人与其过于接近与亲密。[1]而吸收激素很少的胎儿会自发地逼迫自己产生一种由内而外的自我激素生产机制，产生一种由下而上的内在力。这样属性的胎儿会常常用手去抓脐带，常常用嘴巴去吃手，所以在胎盘中其神经系统就开始工作与生长，他自己用这些动作产生相应的化学反应，这样的人很神奇地能够通过自己制造而不是从外界获取激素，而保持其自我的心理平衡。后一类人，就是人类这个群体中天生具有创新能力的人群。[2]

在长期的创新型人才研究中，我们发现但凡是能够实现惊喜管理的人群，其性格特征、生理特征有着共同特征。这些特征可以表现在各个方面，但最后都可以类比归纳成思维习惯。通过对于思维习惯或者性格特征进行分类，然后判定我们研究的对象群体，在这种思维习惯的象限区域量的多少，就形成了人力资本分析的最初模型。通过该模型，我们再反过来对研究对象进行归类，不断地总结与验证，于是发现人之所以会形成不同思维习惯，与一个人的天赋非常有关，而人的天赋最后都归结到了人的 DNA 基因与一些医学方面的最初条件环境。人的天赋其实就是他的先天各种环境的因素总和。

在人的 DNA 代码中有一段叫作 5-HTTLPR 的基因段，这个基因具有多态性，分为长基因与短基因。北美与欧洲的群体占比中长基因是 43%，短基因是 57%，其中 SS 型为 19%，LS 型是 49%，LL 型是 32%。[3]SS 这个超短基因具有羞怯性，具有

---

[1]　这是一个很奇怪的现象，从逻辑上讲，当一个胎儿吸收了很多激素后，他应该趋于满足，其应该表现为可以接近与亲密才符合逻辑，但观察结果却相反。它说明了管理学中延迟满足的重要性。

[2]　激素吸收较少的孩子，只有那些不断调整自我，学会创造的，可以超越其兄弟，成年后也更具备团队意识。

[3]　乔艳辉："5-HTTLPR 的基因在新疆的分布"，新疆大学 2007 年硕士学位论文。

这个基因的人永远无法成为克林顿、毛泽东、斯大林，但这个基因可以成为周文王、诸葛孔明、林彪。中国人中，SS 型的占比非常大，远远大于北美与欧洲。当一个人大脑的灰质比较多的时候，他们往往就会有这样的表现，而灰质就是大脑神经元胞体与突触的元素。当一个人拥有更多神经元胞体与突触的时候，他的大脑就会比常人接收到更多的信息，所以他的日常行为趋向中，往往会显得很害羞。在过去，我们一直把这样的行为趋向当作是人的一种缺点，有某种无形的体系几乎从小就在系统性地扼杀这样的天赋，这也许就是众多学者发现华人在国外很容易成为创新人物，而在国内却少有像样创新的核心原因。

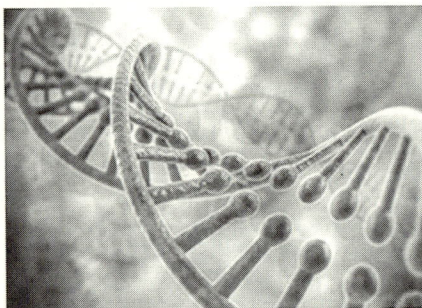

◀我们目前的基因研究，是以类似于软件工程的反汇编的方法来进行的，我们其实还没有真正完全了解上帝的语言。我们所了解的仅仅是支言片语，其知识是碎片化的。与玄学一样，这个工作依然只能取"像"，发现顺序发展的事件关系，但不能获得因果关系，对代码的意义并不能完全理解。

（二）人的思维象限

中国人是世界上最早对于人的生命科学具有系统性研究的人种，从考古学可以知道，我们在 5000 年前，就发明了七阶音乐。音乐是表达人情感的载体与工具，这说明中国人在很久很久以前，大脑思维能力就已经达到了非常复杂的境界。所以，在人的哲学思想范围中，中国人总结出来了《易经》。易经从本质上讲是一种人的行为学。我们当代把人的行为学划分在心理学范围，但无论我们如何划分，我们都可以把决定人行为的人格特性按照周易的八个象限来予以划分，他代表我们生存的世界的四种自然力。也就是说，八卦所描述的就是我们生活世界的道，而我们人类的思维就是根据自然界的这四种力化合出来的，如表3-1：

表 3-1

序号代码	属性类型	属性特性
1 坤	地	强势特性
2 兑	泽	感性特性
3 离	火	功利特性
4 巽	风	自在特性
5 乾	天	正直特性
6 艮	山	理性特性
7 坎	水	理想特性
8 震	雷	严谨特性

坤——代表击破云层的闪电，所以，坤代表强势特征。

兑——代表喜悦，所以，兑代表感性特征。

巽——代表祭祀的东西已经完全齐备，所以其代表自在特性。

离——代表把鸟捕获，其代表为功利特性。

乾——代表冲破泥土的困压，所以乾代表由内而外的力量，它的原意是一种天象。

艮——代表互不相让，所以艮代表理性固执的特征。

震——代表发出雷的龙，所以震具有严谨威严的特性。

坎——代表水冲河堤微微扬起的样子，所以坎代表理想性，从人性的角度反思生存竞争后所选择的道路，具有一定的利他性，是一种以利他求利己的含义。

周易把影响我们这个世界的力量分成四种：第一种为重力，重力又分两类：一种是由下而上的力，他们称呼为乾，一种是由上而下的力，他们称呼为坤，这是这世界上最重要的两种力。一个人人格的形成最原始或者最早与这两种力相关，并认为其数理演变就是一个从坤到乾的变化规律。第二种是强作用力，人的利他性与利己行为是强作用力；第三种是磁力，磁力决定事物的善与恶，[1]古人认为人人皆有气场，其气就是指这种磁力；第四种是弱作用力，它代表事物的态度。[2]以这四种力为基础，古人把世界万物的变化用八卦的阴阳来表达，并认为我们生活的世界是一种四维空间状态，对应于人的思维，形成了如下的对应关系，这样对应的关系，营生出了相对应的人行为学中的人格特性：

表 3-2

坤	乾
倾向于对外部世界的客体做出反应	倾向于在内部世界里沉思
积极活动	偏好内省
经验先于理解	理解先于行动
采用尝试－错误的工作方式	采用持久稳固的工作方式
偏好新异刺激	偏好静态的外部环境
从人际关系获得心理能量	从精神世界获得心理能量
厚德与冷漠强势	正直与公正
离	坎
着眼于现实	着眼于未来

〔1〕 所谓的善与恶的本质是排斥与吸引，是利用与合作。

〔2〕 态度的形成与教育培养锻炼有关，巽通逊，所以其容易有自负，其所拥有为身外之物，震通辰，其所有来自我之技。

续表

离	坎
重视现实性和常情	重视想象力和独创力
关注具体性和特殊性	善于细节描述
关注普遍性和象征性	使用隐喻和类比
循序渐进的工作方式	跳跃性的工作方式
看重常规，相信确定有形的事物	不拘常规，相信灵感和推断
倾向于观察具体事件	倾向于把握事件的全局图面
偏好已知事物	偏好新的思想观念
功利性	理想性
艮	**兑**
退后思考，对问题进行非个人因素的分析	超前思考，考虑行为对他人的影响
公正，坚定，怀疑	温和，同情，体贴
倾向于分析性和逻辑性的工作方式	倾向于和自己的情感一致的工作方式
行为简洁、经济、带有批判性	行为期望他人认同
奉行清晰一致的客观原则	奉行清晰一致的主观价值观
理性特性	感性特性
震	**巽**
行为有组织性和系统性	行为保持开放性
时间观念严谨	时间观念宽松
看重工作结果	看重工作过程
倾向于解决问题	倾向于使问题带有弹性
认真完成预设目标	在获取新信息的过程中不断改变目标
严谨特性	随和特性

乾：相对于坤，乾具有神奇想象力的人格特征。

坤：相对于乾，坤具有专横、易冲动、自私的人格特征。

巽：相对于震，巽具有感情真挚，害羞，思想深邃的人格特征。

震：相对于巽，震是个很容易成为金钱与权力奴隶的人。

（三）八卦的数理状态

数理	名称	图形	序号
000	坤	☷	1
001	震	☳	2
010	坎	☵	3
011	兑	☱	4
100	艮	☶	5
101	离	☲	6
110	巽	☴	7
111	乾	☰	8

（四）八卦的数理[1]

阳		阴	
乾	8	坤	1
坎	3	离	6
艮	5	兑	4
震	2	巽	7

（五）九宫太极八卦[2]

阳		阴	
乾	9	坤	1

---

〔1〕 八卦与五行无关时，八卦乃象限，其太极数为18。

〔2〕 此表为人格之数根，炎煌人力资本分析法中所有演化出的人格，都可以或者都是由数根生化出来。

续表

阳		阴	
坎	7	离	3
艮	6	兑	4
震	8	巽	2

二、人格的力量

（一）创新与创业的人格测评

经常进行项目管理的人，一定会有一个感觉，那就是一个项目如果你选对了人，这个项目基本上就会比较顺利。在创新型的活动中，要知道什么样的人有可能是正确的选择，最好的方法就是在已经成功的项目案例中，反过来去找寻这些成功的人员中的共性。当把这些共性重新又作为一种参考指标，把其变成项目组建前的一种测评，当不断地总结与优化时，其就成了一种方法。

在实践中，我们发现：

（1）能够惊喜管理的人员的知识面非常广阔。这样的人员学历不一定很高，但其知识面很广。对于个人喜欢的领域，他们会一直都有浓厚的兴趣，哪怕这些事情并不是与他们目前工作相关，但他们总是会有时间去做自己想做的那些事情，并在实践中运用自己所学的知识，将看起来完全无关的知识联系起来。

（2）能够进行惊喜管理的人员几乎都是具有献身精神的人员。所以这样的人员，一般需要组织上或者团队管理者对其额外照顾，有很大一部分人照顾自己的能力非常弱。

（3）在思维习惯上，这样的人几乎都是八卦因子坎像，具有理想主义特性。大部分人是八卦乾性，不喜欢经常与领导沟通，他们喜欢规范的环境，在规范的相对宽松的环境中，他们非常具有团队的精神，但在不规范的环境中，这样的人往往又容易偏激、怠慢，他们是非常容易紧张的群体。

（4）在个人认知中，能够进行惊喜管理的人，其价值观比较偏向平静而且相对稳定的生活，他们对于他人、社会有着比较强烈的责任感。

（5）规则非常重要，在不同的规则下，他们的交付物有着完全不一样的表现。

（6）创新力最强的象限是八卦因子组合是乾、坎、艮、震，这是一种完美主义者，所以其交付物非常容易产生惊喜，但他们也是最需要被关心的，在现实中，这样的人几乎不会谈恋爱，特别容易成为老大难。这类非常具有强烈创造力的人，很多都选择了单身，如很多著名的发明家与科学家婚姻都不美满，这是因为缺乏一个外在的因子帮助引导。

在创新能力素质的测评过程中，从思维习惯入手是非常简单的方法。这样的方法可以快速判断新人，非常适合团队组建过程中的人力资源管理。人的思维习惯，其实与人的生活习惯非常有关，比如当测评研究员询问或者考察对象：你与朋友们打算去看电影，现在有一部传记片、一部科幻片，一部喜剧片，在不考虑是谁出品的情况下，你一般意向是什么。这种生活上的习惯，可以深刻地反映一个人的思维惯性，从而反映其人格特点与行为趋向。

（二）企业人员的性格分类

企业的岗位可以划分为多种不同的类型，我们可以发现不同的岗位需要不同技能与性格的人，这就是现代企业的人力资源管理。企业岗位的技能指标一般可以按照三种类别进行归类：管理技能指标、业务技能指标以及业务发展指标。通过大数据分析研究，我们发现这三类技能都与人的性格相关，不同的性格趋向完全与其最后的绩效成正关联。我们可以把业务技能分为信息处理能力、系统思维能力、具体实施能力三个子项；管理技能可以被分为个人发展能力、人员发展能力、财务管理能力、组织能力四个子项；业务发展技能分为产品服务推销能力、客户关系管理能力、市场营销能力。

人的信息处理能力具有非常奇怪的象限感，不同的人对于同样的信息具有不同的敏感度，这种敏感度决定了特定的人处理信息的习惯。举一个项目管理中的例子：假如有几个项目让你选择，由于资源有限，我们只能选择实施其中一个，你会对项目的什么信息最看重？①我们的实施能力；②项目完成的容易度；③项目的利润度；④项目的风险。这个问题，常常用在项目经理的培训上，询问他们的看法，并根据他们的见识，了解到每个人到底适合做什么样的职位或者适合负责什么样的工作。这道题是有标准答案的，不同见识的人，具有不同的思考。这道题可以区别项目经理的级别高低，对于半杯水，不同的人看到的是不一样的。人是从猿人进化来的，猿人是绝对不喜欢刷牙洗脸的，人类的 DNA 中残留着这些基因，有些人从小就放纵这些基因，于是长大后他必然会历经磨难。

不同的见识反映了不同的系统思维能力，它与个人对于不同信息的敏感度非常有关，越是对信息象限有偏重的人，其系统思维能力就越弱。系统的思维能力与信息的敏感程度与一个人八卦元素的坎与离，震与巽相关性很大，而具体的实施能力与乾坤与艮兑关联。在实际的企业管理中，我们常常理解的业务技能，竟然与这个人掌握的业务知识是没有关联性的，这个人业务的知识水平，仅仅影响管理技能指标的个人发展指标：你带领着一个团队，现在这个团队给你了四个项目，要你去决策应该做哪个。在我们实际的战斗中，对于管理者来说，往往都不是没有项目而去找项目，而是取舍项目。这是判断一个项目经理好与坏的首要问题。当这四个项目提交给你后，你一般是如何考虑的？你的思路过程会怎么样？对问题回答出来的结果，决定了这个项目经理今后在企业中的发展趋向。

1. 人格第一宫[1]

八卦表面上是一个符号，其中坤由三条虚线组成，与之对应的乾是三条实线。我们可以把乾坤两卦定义为第一区像；坎是两阴夹一阳，离是两阳夹一阴，我们把坎与离定义为第二区像；兑与艮为第三区像，巽与震为第四区像，每个人一定会有这四种区像的一种，由此形成四象，代表其受到这个世界四种自然力的影响大小。如果一个人在某个时刻其乾坤属性中，偏重坤性，我们就把其当作坤，因为人生是很多事件的组合，偏重坤，那么这个人大部分时间应该受坤的力量影响多一些。如果这个人同时在第四区像偏重巽，那么在周易里面这个卦象就叫风地观。拥有观的人具有先天性，后天无法学。观卦的人格特性如下：

观①：盥而不荐②，有孚颙若③。拥有这样能力的人，聪明而且明智，这种人一般都有比较强的情商。这个属性也代表拥有这个属性的人，先天的情商是所有人中最高的。当大地与云交集闪电的时候，一切贡品都已经准备完毕，具有最强大能量的时刻。

①观的意思是观察、观看。具有验证检查的习惯，聪明而且明智，有孚也。

②盥（guàn）：以手承水冲洗而下流于盘（皿）。本义：洗

---

[1] 一般人的人格都是由四种自然力的乾坤控制的，所以我们把其定义为宫，但也有特殊人格者，修为出世之人或以坎离为基或以震巽，其为舍神，本书仅仅以宫为例，家族企业管理以足。

手。荐：献，指祭祖时的献牲。这里指已经准备好的事情，还要先体察验证。

③颙（yóng）若：头大的样子，这里指具备智慧。

2. 人格第二宫

如果某人主要受由上而下的力影响，我们就把其定义为坤卦人，八卦人格属性中，最重要的就是乾坤这两种力。受乾这种由下而上的力影响的人，他们具有心灵的力量。而坤卦人，往往喜欢借用他人的力量增强自己的力量。第一区像为坤，第三区像为艮的人，就是山地剥。

剥：不利有攸往。拥有这样能力的人，冷漠而且具有强烈的攻击性，行为比较简洁，这个属性也是官性，也就是最适合做官或者搞政治，最适合统治别人的群体，是最容易升官的人，也最容易创业，进行突破性的工作，他们也会是最好的外科医生。一般这样的群体，也是总体收入最高的群体。但这个能力过强，则反害己。

3. 人格第三宫

第一区像为坤，第二区像为离的人，叫火地晋。

晋①：康侯用锡②马蕃庶，昼日③三接。拥有晋能力的人，具有很强的忍耐力，良好的身体体能，忠诚、麻木并且注重结果。他们是最好的进攻团队人选，疯狂的加班人员，一个团队中必须需要有这样的人，才能保证事业的成功，其好利程度第一，但他们却赚得不如剥多。

①晋的意思是前进，指作战中的进攻。

②锡：用作"赐"，意思是赐予。蕃庶：繁育，繁殖。

③昼日：终日，一整天。三接：指多次交配。

4. 人格第四宫

第一区像为坤，第三区像为兑的人，就是泽地萃。

萃：萃聚而亨通。拥有这样能力的人，是单一组织能力最强的。他们平时看起来比较招人喜欢，能煽动人心，天生容易且喜欢创业。

5. 人格第五宫

第一区像为坤，第二区像为坎的人，就是水地比。

比：团结的学问。具有这样属性的人，都具有帮派思想倾向，能够拉帮结派，形成一种战斗力。萃聚一般指乌合之众，而有比之人，其凝聚人心的能力比萃稳固。他们有强烈的荣誉感。大佬级别的人，皆有比。有比的人，是最有威望的人。这个属性也具有先天性，后天无法学，其能量都从先天带来。

6. 人格第六宫

第一区像为坤，第四区像为震的人，就是雷地豫。

豫：豫利建侯行师。这样的人具有很强的规划与计划执行力，知道什么是最正确的，具有拨开迷雾的能力。豫是关于大的能力，意思是大公司、大集团、大社团、大东西、大事物。不管做大官，还是做大企业，凡是已经大的，必须安静，鸣则凶。

7. 人格第七宫

第一区像为乾，第二区像为离的人，就是火天大有。

大有：大有是如何分配战果的能力。拥有这个能力的人具有按贡献行赏的能力。其公正不私利。这样的人在分配的时候，能够考虑多方利益，并且找到平衡点。这样的人容易给予别人，而不是抢夺，本能力有创业的潜力。

8. 人格第八宫

第一区像为乾，第三区像为艮的人，就是山天大畜。

大畜：利涉大川，不家食吉。这样的人，天生具有积蓄的能力。一个团队、一个企业拥有这样的人越多，说明这个组织的无形资产越高，价值越大。有这样能力的人，可以影响其他人一起提高价值，像繁殖一样，从而增加价格。但拥有这样能力的人，不能把他们放在一起，一起就内耗。管理这样的人，要鼓励他们走出去，而不是吃老本，需要经常拒绝他们，但又不能伤了他们的雄心，本能力也具有创业的天赋。

9. 人格第九宫

第一区像为乾，第四区像为巽的人，就是风天小畜。

小畜： 做一个小人物的能力。这样的人不会因为其是个小人物而自卑，而想改变。不会好高骛远，具有这种能力的人是社会与企业稳定的基础。这样的人对于自我权利的实现主动性不够，原本是自己的利益，但往往由于害羞等原因，不敢去争取，当别人没有把他应该得到的利益给他的时候，他内心又会生气与不平。所以拥有这样能力的人，适合比较规范的企业，适合有规矩的公平社会与企业环境。

10. 人格第十宫

第一区像为乾，第三区像为兑的人，就是泽天卦宫。

夬①：扬于王庭②，孚号有厉③。告自邑：不利即戎④。利有攸往。

这样的人比较感性，理想主义，拥有这样的能力，可以做很细节的事情，他们遇见他人的问题，只要觉得对于对方好，会不顾对方的感受，直接表达。世界上的人，有三种层次，对待上等人直指人心，可打可骂，以真实面目待他；对待中等人最多隐喻他，要讲分寸，他受不起打骂；对待下等人要面带微笑，双手合十，他很脆弱、心眼小，装不下太多的指责和训斥，他只配用世俗的礼节。这个要点是具有这样能力的人，最应该学习的学问，此能力也具有先天性，后天无法获得。

①夬（guai）是分决的意思。说明非要分清黑与白，清正严明的结果。其本意是挂钩射箭。

②扬：像用双手举起"玉"，是会意字。本义：高举。

③孚号：俘虏叫喊。有厉：有不利。

④即戎：马上进行处理。

11. 人格第十一宫

第一区像为乾，第二区像为坎的人，就是水天需。

需：这样的人具有最好的需求分析能力，能够很好地领会领导以及目前状态下，真正的需求是什么，企业战略、项目、实施计划的最佳制定编辑者。具有需能力的，在工作时必须要通晓等待的真实含义，不然其很容易成为落汤鸡。

12. 人格第十二宫

第一区像为乾，第四区像为震的人，就是雷天大壮。

大壮：企业做强的基础。一个团队、一个企业只有拥有这样的人，才能做强。一个企业很赚钱，但拥有大壮的人极少，说明企业并不强。

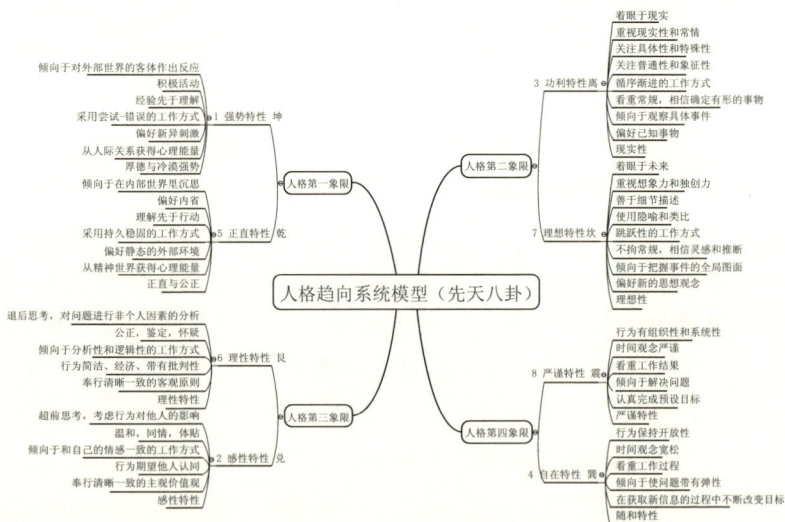

先天八卦行为趋向图

（三）企业人格的 16 种性格趋向

禅宗很早就发现了中华文化的弱点，那就是中国的文字包含阴阳，所以特别容易让实践的人走入误区。同样一段文字，不同的人可以读出不同的意义来，所以禅宗不立文字，讲究直击人心。中国文化的好处是永远不会错，不同的人可以读出他自己内心的想法，所以容易被人追捧，于是可以流传下去。但知识与文化的传承，其使命是"教化"，模棱两可的东西是无法作为参考标准的，所以但凡绝学，必定具有口口相传的部分。口口相传的部分，像德国人炒菜要用量杯，是非常精确化的，犹如计算机的程序，核心是编码。口口相传，保护了传承人，但有时却伤害了整个人类的进化刻度。

1. 编码 1657 的个性特征

坤、离、艮、巽的组合，数理为 19，可以易变为观、剥、晋三卦，所以这样的人灵活、忍耐力强、实际、注重结果；觉得理论和抽象的解释非常无趣；喜欢积极地采取行动解决问题；注重当前，自然不做作，享受和他人在一起的时刻；喜欢物质享受和时尚。学习新事物最有效的方式是通过亲身感受和练习。

他们喜欢处理、分解与恢复真实事物的原状。喜欢行动而不是漫谈，当问题出现时，他们乐于去处理。他们是优秀的解决问题的人，这是因为他们能够掌握必要的事实情况，然后找到符合逻辑的明智的解决途径，而无需浪费大量的努力或精力。他们会成为适宜外交谈判的人，他们乐于尝试非传统的方法，而且常常能够说服别人给他们一个妥协的机会。他们能够理解晦涩的原则，在符合逻辑的基础上，而不是基于他们对事物的感受之上做出决定。因此，他们讲求实效，在情况必须时非常强硬。

这样的人是敏锐的发现者，善于看出眼前的需要，并迅速做出反应来满足这种需要，天生爱揽事并寻求满意的解决办法；精力充沛，积极解决问题，很少被规则或标准程式框住；能够想出容易的办法去解决难办的事情，以使自己的工作变得愉快。

天生的乐天派，积极活跃，随遇而安，乐于享受今天。对提供新经验的任何事物、活动、食物、服饰、人等都感兴趣，只愿享受今天，享受现在；不喜欢过多的规矩和条条框框的官僚作风，容易松懈，通常不愿付出过多的努力。

其很难独自工作，尤其是长时间的工作。其不喜欢事先准备，在组织时间上有困难，易冲动，喜欢冒险。其对别人的感觉迟钝、麻木，或对别人的感觉过于疏忽。

这样的人如果是老板，如果想把企业做大，最好的管理方法是企业发展起来后，其退后做董事长，并按照控股公司集团化发展变化。这样的集团，会不同于常规的企业集团管控，各独立单元也许会很小，控股公司主要做文化与品牌。八卦艮巽[1]，一般其祖先都是战士，所以其具有冷酷的天性，与天生的自私趋向，有部分人会缺乏五羟色胺，他们很难理解人与人之间的同理心，容易受到自我情绪的控制，成为冲动性的人，所以他们一般都做不大自己的企业，他们容易扮演自我毁灭者。

2. 编码 1647 的个性特征

坤、离、兑、巽的组合，数理为 18，可以易变为观、萃、晋三卦，灵活、忍耐力强、实际、注重结果。觉得理论和抽象的解释非常无趣。喜欢积极地采取行动解决问题。注重当前、

---

〔1〕 八卦艮兑，按中医名家梁致堂《易经数理秘笈》言，乃切角空间，也就是说这个象限的很多内容不在人道之上，所以我们人类仅仅看到的是某种投影，而非真实或者二维状态，所以在乾区，其艮兑很容易与震合化为孤僻、聪明绝顶却异常友善的状态。

自然不做作、享受和他人在一起的时刻。喜欢物质享受和时尚。学习新事物最有效的方式是通过亲身感受和练习。

他们是敏锐的发现者，善于看出眼前的需要，并迅速做出反应来满足这种需要，天生爱揽事并寻求满意的解决办法。精力充沛，积极解决问题，很少被规则或标准程式框住。能够想出容易的办法去解决难办的事情，以此使自己的工作变得愉快。

由于他们拥有萃的能力，所以拥有非凡的组织能力，通融和有同情心，通常许多人都真心地喜欢他们。他们能够让别人采纳他们的建议，所以他们很擅于帮助冲突的各方重归于好。他们寻求他人的陪伴，是很好的交谈者。他们乐于帮助旁人，偏好以真实有形的方式给予协助。其弱点是不喜欢事先准备，在组织时间上有困难。

他们乐于享受现在的一切而不是为将来计划什么，难以看到事情的长远影响，易冲动，喜欢冒险。因为有萃的特性，一般都会成为创业团队的一员，具有萃、晋元素的人是攻击力最强的群体。对于这类人奖励与处罚都需要及时，不能采用任何远期红萝卜似的激励方法。这样的人跳槽后，一定会带走一堆人，绝对不会一个人孤零零地逃跑。

这样的人成为老板，其企业很少具有真正的文化与品牌管理，很难吸收比其强的人员，其自我会感觉自己的气场控制不住，从而内心潜在拒绝发展。这样的人，要想做大企业，需要成立战略管理部门，引进这方面人员，克服自己的狭窄心态，不然企业很难做大。最佳的方式是成立项目管理中心，由项目管理中心来统一调配企业的资源，由此可以提升企业管理成熟度。这样的人成为老板，大多只能玩项目型公司，最容易成小的群体。

3. 编码 1347 的个性特征

坤、坎、兑、巽的组合，数理为 15，可以易变为观、萃、比三卦，能看到各种可能的情况，并与各行各色的人来往。在他们的眼里，每一个人、每一样事物都只是和谐整体的一部分。从日常小事到为人类造福的伟大事业中，他们都希望自己既是一个有用的人，又能为别人所喜欢和尊重。他们会对新观点、新思想很感兴趣，虽然最终会由于某个原因而被弃之不理。

他们极易适应工作环境，是所有人中最有组织能力的，天生的组织部长。有自己大胆的想法，在"头脑风暴"中有突出的贡献。然而，对他们来说，保持不变可不是一件容易的事，因为他们会很快对一件东西厌烦，尤其当有更新、更有趣的东西出来时。但当开会、规定最后完事期限以及完成所交代的枯燥无味的琐事时，他们也是个拖延的人。

他们喜欢做有意义的工作，而不是简单的常规工作。热情洋溢、富有想象力，认为生活是充满很多可能性；能很快地将事情和信息联系起来，然后很自信地根据自己的判断解决问题；很需要别人的肯定，又乐于欣赏和支持别人；灵活、自然不做作，有很强的即兴发挥的能力，言语流畅。

生活是激动人心的戏剧，是这种人的人生观。对文字、语言敏感；善于分析、总结，能理解复杂的理论概念，善于将事情概念化，善于从中推断出原则。

4. 编码 1357 的个性特征

坤、坎、艮、巽的组合，数理为 16，可以易变为观、剥、比三卦，有创造力，能预见到美好的未来，并且时刻具有挑战性。他们相当聪明，只要有条件，他们便无视某些规则的存在去抄近路，即使是在野心勃勃的欺骗性活动中溃败而终，也在所不惜。他们喜欢玩各种体力或智力上的玩具，越复杂他们就越喜欢。虽然，他们很快便会喜新厌旧。

他们是最优秀的战术执行者，非常优秀的销售人员，精力充沛，积极解决问题的人，是最合适创业并能保持的人员，其出色的交际能力与对事物发展的准确判断，可以创造性地解决问题。这种人很容易利用公司的平台而去拓展自己的空间，他们能够很容易地找到公司制度的破绽。

这样的人成为老板后，很容易把企业做得很大。在资源抢夺的时代，绝大多数大老板都是这个属性的人，天生的总经理。这样老板的企业，最好建立委员会，吸收接纳具有豫能力的人，形成智囊团队与顾问团队；整合资源，建立大有、大畜、大壮生态交融圈，其执行能力可以让其长袖善舞。这样的人，由于艮巽，提早功成身退成为一个慈善家是其最好的归宿，莫放纵自己的性欲，对于家族企业的理念要反复学习，不然很容易成为自己建造事业的毁灭者。

5. 编码 1352 的个性特征

坤、坎、艮、震的组合，数理为 11，可以易变为豫、剥、比三卦，豫利建侯行师，配合剥与比，这样的人就可以成为伟大的领导者和做决定的人。他们是天才的思想家和长远规划者，是平台的搭建者。这样的人非常实际，逻辑性又强，他们善于做那些需要推理和智慧的工作。注重真理，只有在经过逻辑推理之后他们才会信服。在做计划和研究新事务时是很系统化的，而且这样的人天生是热心坦诚的领导者。他们善于组织群众，生活非常严谨而且期望别人也是如此。因此，他们愿意挑战并且让其他人也像他们一样努力奋斗。

他们是很会讲故事的人，明白需要做什么，然后把该做的事分配下去。其他类型的人在遇到冲突时，很少能像他们一样保持决断，击败强大的对手。因为比的特性，当受到挑战时，他们也会变得好争辩。

他们是最伟大的战略家，其缺点为粗心直率，无耐心，不妥协并且很难接近。

如果这样的人单打独斗，其会扮演火门星君的角色，是其他人的成与败的开关。他们成为企业家后很容易就把企业做得很大，但企业内部小问题极多。由于发展迅速，企业管理问题拖欠很多，容易招小人，多报喜不报忧，讲真话的极少，所以又很容易一夜崩溃。最佳的方式，就是寻找独立的第三方对公司进行测评与审计，帮助他进行企业内控管理，慢慢地把历史拖欠问题一点一点地消化掉。由于这样的人天生粗心，对于如何选择第三方，常常分不清什么是好的什么是坏的，所以，也常恰得其反，他们是最需要人力资本分析、专业操作与实施顾问的群体。同时，这样的人也可以成为别人最佳的战略顾问，让自己的企业成为公众公司，把企业交给优秀的执行者管理，让自己成为风险投资者，资本整合家是这样人的最佳归宿。

6. 编码 1342 的个性特征

坤、坎、兑、震的组合，数理为 10，可以易变为豫、萃、比三卦，他们可以自觉承担起照顾身边的人和安排其福利待遇的责任，他们也是护卫者型中，最喜爱交际的人。他们无论走到哪里都承担着社会奉献者的角色，愉快地付出自己的时间和精力，以确保别人的需要得到满足、传统得到维持和发展，并圆满地履行社会职责。

因为合作与方便社会是他们人性结构的关键所在，所以他们是最能理解管理就是特殊服务的内涵的人。这样的人是所有企业家中最容易完美实现百年企业目标、建立长久品牌的群体。但这样的人，因为忙碌常不会去自己单独当老板，因为其缺乏战术的搏斗能力。

他们把人和人际关系看得比什么都重要，而且他们很自然地关心别人。他们热爱生活，并感到自己与万物都是息息相关的。他们的缺点是比较脆弱与敏感，所以在他们犯错误的时候应尽量去鼓励他们，而不是处罚。

7. 编码 1642 的个性特征

坤、离、兑、震的组合，数理为 13，可以易变为豫、萃、晋三卦，这样的人会心甘情愿地为上级劳动，并给集体带来胜利。他们把同别人的关系放在十分重要的位置，所以他们往往具有和睦的人际关系，并且付出很大的努力以获得和维持这种关系。

他们非常重视自己的好友和家人。他们喜欢服务他人，而且他们的快乐来自于周围人群的快乐和愉悦。这样的人真挚热情、关爱他人的天性以及挖掘他人潜能的能力被周围人群极度推崇。他们通常不善于掌控冲突局面，还会表现出一定的控制和操控欲。人际交往是他们生活的核心，为此他们会投入大量的时间和精力来培养和维系自己的人际纽带。

爱心、有责任心、合作，希望周边的环境温馨而和谐，并因此果断地营造这样的环境；喜欢和他人一起精确并及时地完成任务；忠诚，即使在细微的事情上也如此；能体察到他人在日常生活中的需求并竭尽全力帮助；希望自己和自己的所为能受到他人的认可和赏识。

他们是可以大处着想，小处入手的人，他们拥有最完美的工作完成结果。他们工作的结果往往在同样条件下，可以达到极致的状态，所以他们是不能接受批评的；喜欢发牢骚，但凡火雷格局的人，都有反抗之心；他们可以果断地表达自己的坚定的主张，乐于迅速解决事情，是优秀的主管与执行人选。

8. 编码 1652 的个性特征

坤、离、艮、震的组合，数理为 14，可以易变为豫、剥、晋三卦，这样的人可以高效率地工作，自我负责，也可监督他人工作，合理分配和处置资源，主次分明，井井有条；能制定和遵守规则，喜欢在制度健全、等级分明、比较稳定的企业工作；倾向于选择较为务实的业务，以有形产品为主；喜欢工作中带有和人接触、交流的成分，但不以态度取胜；不特别强调工作的行业或兴趣，多以职业角度看待每一份工作。

他们喜欢条理性并且能记住和组织安排许多细节，是最好的质量管理人员、企业内控管理执行人员，他们是企业中优秀的项目经理人选，职业经理人大多数都是这种类型的人，领导把事情安排给他们，是最放心的。

他们推崇职业道德，并希望在工作的履历过程中，得到自己应该得到的地位与待遇。对这样的人，应该绝对地公平与公正。他们也可以是一个好销售，往往最优秀的分公司总经理也是具备这个属性的人，这样的人需要公司给予比较公平的待遇，不然其容易反抗。

9. 编码 8657 的个性特征

乾，离，艮，巽的组合，可以易变为大有、大畜、小畜三卦，是根本的行动者，然而作为思考者的他们，兴趣趋向于机械的、胜于艺术的方面。他们倾向于隐匿地潜伏着，保存着他们的能量，直到一个值得让他们花费时间的工程或冒险活动出现时，他们将会不遗余力地投入。而不可避免地跟随发生的显著的狂热的情形一般都会被控制着，较少出现。

他们擅长分析，所以对客观含蓄的原则很感兴趣。他们对于技巧性的事物有天生的理解力，通常精于使用工具和进行手工劳动；他们往往做出有条理而保密的决定；仅仅是按照自己所看到的、有条理而直接地陈述事实。

好奇心强，而且善于观察，只有理性、可靠的事实才能使他们信服；他们重视事实，简直就是有关他们知之甚深的知识的宝库；他们是现实主义者，所以能够很好地利用可获得的资源，同时他们擅于把握时机，这使他们变得很讲求实效。

他们是企业知识管理的操作者与最热情的贡献者，他们喜欢黄色笑话，天生藐视规则和权力机构。在全面项目管理企业的研究院，他们是活跃的人员；而把他们放在在家里，进行弹性工作，也基本上可以满足企业的需要。艮巽之人，是最适合信仰宗教的人群，艮巽的人一生必须追逐权力，如无权力则很容易成为自己与他人生活中的痛苦源，非宗教难以化解其心魔。

10. 编码 8647 的个性特征

乾、离、兑、巽的组合，可以易变为大有、夬、小畜三卦，温柔文静，谈吐文雅；很现实，但平易近人、沉静、友善、敏感和仁慈；欣赏目前他们周遭所发生的事情；喜欢有自己的空间，做事又能把握自己的时间；忠于自己的价值观，忠于自己所重视的人。虽然不喜欢争论和冲突，不会强迫别人接受自己的意见或价值观，但他们只要认为正确，就会扬于王庭，孚号有厉。他们能够很好地判断事务的发展是否符合公司的制度或者大方向。

他们耐心、灵活，很容易与他人相处，很少支配或控制别人。他们很客观，以一种相当实事求是的方式接受他人的行为。他们善于观察周围的人和物，却不寻求发现动机和含义。

他们是最好的办公室人员。公司做得越大，他们越能发挥自己的能力，工作也越顺心，个人满意度也越高。但同时他们是最容易上当受骗的人，是公司间谍活动的目标人，所以任用他们需要考虑公司安全方面的因素。

11. 编码 8347 的个性特征

乾、坎、兑、巽的组合，可以易变为需、夬、小畜三卦，其是最乐于做那些符合自己价值观的事情的一类人。只要是为他人服务，为自己的理想尽力，他们会是最出色、最有效率的那种人。

理想主义者，忠于自己的价值观及自己所重视的人。他们外在的生活与内在的价值观配合，有好奇心，能够很快看到事情的可能与否，能够加速对理念的实践；试图了解别人、协助别人发展潜能，适应力强，有弹性；如果没有和他们的价值观抵触，往往能包容他人。

他们是最好客户服务代表与专员，公司服务中心的负责人。

12. 编码 8357 的个性特征

乾、坎、艮、巽的组合，可以易变为需、大畜、小畜三卦，是思绪飞扬的学者，他们很容易转移注意力，却有着无穷的创造力；对抽象概念的喜好以及深入理解，使他们可以从事任何具有创造性和挑战性的工作。

他们独自工作时效率最高，而且他们常表现出创造性，精力充沛，充满乐趣。他们喜欢新的项目和头脑风暴，但是如果有太多细节或者规定的执行期限，他们就会觉得很沮丧；遇到期限时，他们会不断要求延期，对他们来说，生命和工作是一次智慧的挑战，在做事之前要仔细，投入地思考再三；他们喜欢用文字表述得清楚精确，不能忍受模棱两可的观点，或者那些前后矛盾的理论陈述。

他们是最棒的研究开发人员，是产品创新的发起人，是企业无形资产的创建者。这样的人要千万记住不要把未来看得太重，做人不能不认真，但不能太认真，否则容易进入水风之像，君子劳民动相，有孚无吉。

13. 编码 8352 的个性特征

乾、坎、艮、震的组合，可以易变为需、大畜、大壮三卦，是完美主义者。他们强烈地要求个人自由和能力，同时在他们独创的思想中，不可动摇的信仰促使他们达到目标。这种类型的人思维严谨、有逻辑性、足智多谋，他们能够看到新计划实行后的结果和生活中转变为真实物质的理论体系；他们对自己和别人都很苛求，往往几乎同样强硬地逼迫别人和自己；作为所有性格类型中最独立的人，他们更喜欢以自己的方式行事。面对相反意见，他们通常持怀疑态度，十分坚定和坚决。

他们是系统的建设者，可以在一个项目中对自己和他人毫不留情，在爱情方面，他们缺乏罗曼蒂克，但凡涉及他自己的利益问题，都需要公司领导的关心，帮助他去争取与安排，他们之所以与他人之间沟通困难，在于这种人的大脑思维运行比语言能力要快，语言表达能力天生就弱。

他们是最好的技术总监，公司流程管理的负责人，首席技术官人选。

这样的人不能强行出头，一旦如此，就会形成天水之局，上刚而下险，所以与人发生矛盾后，其结局都会对自己不利。此属性自古以来，就名将如云，越是动荡，自己越是安全，他们不会害怕敌人，一般也不会死于敌手，却会死于自己人，故这样的人，要懂得进退之道，可以当位而应，与时而行，需有隐者之风，顺天而为，最善。君子慎言语，吉。

14. 编码 8342 的个性特征

乾、坎、兑、震的组合，可以易变为需、夬、大壮三卦，喜欢忠告、指导他人的行为，目的是帮助人们认知其人性潜能，劝告者型人具有一种非比寻常的促成他人幸福安宁的强烈渴望，并真诚地喜欢引导他们的同伴，获得较大程度的个人实现。

他们生性善于安排事物，习惯于选择训诫型的指导角色，而非提倡者的角色。而且，宁静矜持的个性决定了他们似乎更满足于劝告者的角色。他们在语言方面的优秀才能，致使他们通常以一种人性化的方式与人交流。

他们是最好的管理顾问、医生与人力资源管理者。虽然他们也容易形成天水之局，上刚而下险，但其是唯一一个可以履虎尾之人，但要注意，武人在大君，是不能为的，武人在大君，容易激发人的反社会特性，变兑为艮。

15. 编码 8642 的个性特征

乾、离、兑、震的组合，可以易变为大有、夬、大壮三卦，他们非常热情亲切，总是愿意相信别人好的方面。他们重视和谐与合作，对他人的感受通常也会十分敏感。

有着极为成熟的空间感、功能感及美感。由此，他们的家居布置往往漂亮且实用，他们特别擅长包装企业。他们对待自己的责任认真严肃，而且绝对会从一而终。正是出于这种原因，人们总会信任依赖于他们。

他们是最佳的设计师与企业公共关系包装宣传人员。

16. 编码 8652 的个性特征

乾、离、艮、震的组合，可以易变为大有、大畜、大壮三卦，工作缜密，讲求实际，很有头脑也很现实。他们具有很强的集中力、条理性和准确性。无论他们做什么，都相当有条理和可靠。他们具有坚定不移、深思熟虑的思想，一旦他们着手自己所相信的最好行动方法时，就很难转变或在遇到挫折时变得沮丧。

他们是唯一一类把大有、大畜、大壮都混为一身的人员；他们特别安静和勤奋，对于细节有很强的记忆和判断；他们能够引证准确的事实支持自己的观点，把过去的经历运用到现在的决策中；他们重视和利用符合逻辑、客观的分析，以坚持不懈的态度准时地完成工作，并且总是安排有序，很有条理。

这样的群体，成为博士的非常多，或是某个行业的专家，企业的首席科学家。这样的人成为老板后，建议不要听信他人之言，要企业上市做资本运作，那将会是一个痛苦的经历，你会发现你越来越不是自己，老是自己与自己较劲。这样的企业不要变成公众公司，不要做股份公司最佳。有机会有人想收购，就把企业裁分，直接卖一部分给别人，是最适合的发展道路。

三、人才配置的概念

家族企业，其人才配置一定不会仅仅按照创新创业型来配置，就如家族企业的业务模式，也一定需要创业型与非创业型人才相互配搭，创业型的业务按照创业创新型的人才配置，而非创业创新型需要按照非创业创新型人才结构搭配，仅仅只有其一的家族企业不是稳定的家族企业。非创业创新型业务是指掠夺性的业务，需要掠夺性人才，故企业不能单纯按个人喜好来挑选企业人。易经八卦并不能改变命运，这就犹如"公鸡叫，太阳升"，公鸡打鸣，代表黎明要开始了，并不是说"公鸡叫，太阳升"是一种因果关系，它们只是顺序发生的事件。我们现有的玄学认知几乎都是顺序发生事件，而非因果关系，所以玄学在严格意义上不是科学。只有把"像"对应成因果，才是正果，东方文明虽然伟大，但是具有缺陷，切忌骄狂。

对于创新与创业人员，在大量的创新性项目的活动管理中，不同的项目对于团队人员配置的要求是不一样的，有些项目会具有创业的概念在里面。创新与创业从本质上讲是两个概念，其对于团队人才素质与能力的要求是不一样的。创业首先是一种探索，探索创业的人，一定是具有冒险精神的人，非此不能成就其功业。创新有些不一样，对于创新来说探索本身并不是原始目的，其结果性要稍微强一些。

在对于比较依赖探索的团队中，能够兼顾创业与创新素质的人员非常少。人力资源永远是有限的，而企业的创新与创业欲望却是可以无限大的，资源永远不够。如何把一些暂时还达不到要求的人员，通过简单的培训或人员搭配取长补短，最有性价比地满足企业的创新与创业要求，就变得非常重要。

比如在炎煌人力资本测评模型中，坤、坎、艮、震特性的人是一个伟大的平台搭架者，他们是天才的规划者，善于组织群众并且自我生活严谨。这样的人，很适合创业却不能进行具体的创新，其严重缺乏耐心，而且在实施具体事务的时候有粗心大意的趋向。在创新项目中，他们的业绩相对较差，但是，一旦他们进入具有强烈创业理念的项目，他们立刻就如鱼得水，所以他们的口碑相对较好，他们天生就是团队的灵魂人物。对于团队口碑不怎么好的乾、离、艮、震来说，他们往往是安静的人，他们的集中力与准确性非常的高。他们一旦确信自己或者着手自己认为的最好行动方法时，就会非常的坚定，其完成任务的能力相当强。而乾、坎、艮、震是一个对自己比较苛刻的人，在创新活动的项目管理活动中，乾、坎、艮、震组合的人会常常与坤、坎、艮、震特性的人发生冲突。假如乾、坎、艮、震特性的人是带有创业特性的创新活动负责人，他们往往只要觉得他们的产品是激动人心的，是对绝大多数人有意义的，他们就会完全忘记现实的市场状态。他们很容易认为酒好就不怕巷子深，信息爆炸社会，虽然信息化技术手段的目的就是谋求信息对称，但实践的大数据分析结果却告诉我们，互联网等信息手段在减少信息不对称、去中介化的过程中，同时也制造了大量信息，这些信息不但不会加速去中介化的过程，相反还会逐步阻止信息的相对对称，酒好不怕巷子深仅仅适用于信息较少的社会。所以带有创业性质的项目由坤、坎、艮特性的人领导较好，而进行创新攻关的项目由乾、坎、艮特性的人领导较好。

人才配置就是组织协同，组织协同体系是一种面向对象的管理体系，在面向对象的管理体系中，专业的人员完成专业的事情是其最主要的工作精神，讲究用人所长，避人所短，面向对象的管理框架是开发人创新潜力的最有效、科学的方法之一。中国古人很早就发现了人与人的不同会带来一定的行为风险，古人是用五行的相生相克来解释的，而五行的推算与其神秘的数理有关，不同的数理决定其五行的定位不同，这就是一个家庭中如果有兄妹多人，这些人内心都是愿意去相亲与相生的，但有些时候却往往事与愿违的原因。具有血缘关系的家庭都是如此，何况是为了某个目的而组织起来的团队。研究人的行为学几十年来，我们发现好的团队具有明显的共性，这就形成了人才配置的概念。

（一）人的有效工作时间

关于职业人士每天有效的工作时间，一直都是现代管理学所关注与研究的方向。考察不同的行业与不同的工作，其员工每天的有效工作时间是不一样的。越是高科技，员工每天有效的工作时间就会越短。对于一个需要大量利用人的创意创造能力的工作，假如员工每天的有效工作时间是 4 个小时，那将是一个非常了不起的高效率。

在低效率的组织构架上，由于不成熟的企业管理成熟度低，大量人员的时间其实都是被浪费掉的。我们可以任意找 10 个单位组织，然后随机抽取一些人观察他们的一天。我们会发现之所以会出现这样的情况，40% 是单位组织的管理问题，30% 是人本身的社会化原因，30% 是由于个人的时间管理素质的原因。

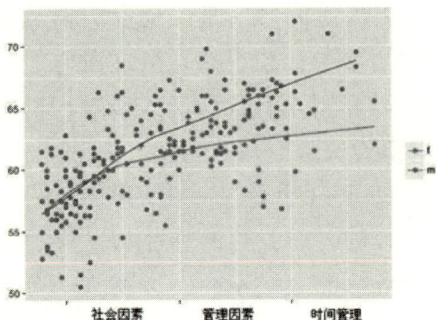

◀人的行为具有共性，不同地区的样本也会具有共性。比如在西部城市，人们的时间管理因子就比江浙要高。所以同一个家族企业，由于身处不同地域，这些统计数字会具有差异与共性。

　　单位组织的管理问题，我们发现如果我们不对管理框架做彻底的顶层设计，仅仅只能改良不到10%。人类群体的社会性是不应该去修改的，也许有些社会性行为特质影响了我们的工作效率，但我们没有权利去修改它，假如我们这样做了，那么我们就彻底把一个组织单位当作是军事机构了。个人素质对应的时间管理方法，是可以依靠培训与训练来提高的，这是一件对于组织与个人都有利的事情，所以这是应该干的。由于人的天赋与个人习惯并不相同，所以我们仅仅能有10%～20%的提升，虽然从理论上讲，花费大气力还是可以在这个方向上有所提高的，但从数学模型上看，投入与产出并不匹配的事件是没有必要去做的。所以，一个高管理成熟度的CMM创新创业企业，我们设定的常用员工有效工作时间是正常法定时间的40%，所有的项目管理、成本管理都是以这个数值作为标准计算单元。尽量保证人的有效工作时间，提高创新的效率是创新活动的工程项目化人力配置的重要工作。

　　如果团队中大多数人面对时间的态度都是具有相同特质的，就是好的团队，相反，必然会生枝节。

（二）如何开发人的创新潜能

　　不管是企业还是公司，当市场到处都是蓝海时，人们不会重视企业的创新能力，因为抢占资源在这个时候是最重要的。但当市场渐渐变红，到处都是竞争者的时候，企业创新能力就开始显得非常重要了。在分蛋糕模式下，资源的控制者最重要，掠夺性人才、社会关系等是企业的核心竞争力，而在做蛋糕模式下，具有创新创造能力的人就是核心竞争力了。我们已经知道什么样的人具有什么样的行为趋向，所以对于生活观念的认同，会是一个团队创新能力的重要特质。一般创新类的团队组织，会认为最适合人类的生活方式是：群组织—分布式系统—将自我散布在整个网络，以至于没有一部分能说，"我就是我"。[1] 无数的个体思维聚在一起，形成了无可逆转的社会性。所以要建立具有创新特质的企业模块与单元，管理创新行为，其管理体系必须要符合这类人的天性，激发其自我的创新能力，因为在符合人的天性趋向上进行约束与引导就是高成熟度的管理。

　　组织、机构、国家等这些单元，从宏观上看是一种人为的刻意行为，并非是人类群体的自发生活方式。互联网的好处就是打破了地域与人为设定的所有界限，把所有的行为人都联系在一起。在未来的创新与创业过程中，我们应该会越来越依赖

----

　　〔1〕　〔美〕凯文·凯利：《失控》，东西文库译，新星出版社 2010 年版。

这种互联网模式，实际上我们开发一个创新型产品，我们要写一本书，我们要干一个需要团队合作才能进行的项目，已经不需要把资源全部集中在一起。高管理成熟度的高科技企业，已经大量地采用全球协作模式，在统一的全面项目管理体系下，团队合作者之间也许根本就不认识，系统会优先在正规网络上寻找最合适的团队人选，然后通过互联网把这些人聚集起来，共同来开发一件创新性的产品，这种状态几乎已经是一种常态。

在创新活动的日常管理中，目标管理与惊喜管理的差别在于对人的创新潜力的开发上。用一个简单明了的比喻来表达这种区别，即有点像西洋人物画的素描与中国画的素描之间的差异。中国人物画的素描是首先从框架开始的，先确定边界，由于一开始具有很多的不确定，这种方法，让中国画走向了形意主义，所以中国画只能讲究意境，以意境为美。而西洋人物画首先从人的眼睛开始，先确定其灵魂，然后再慢慢走向框架，这种方法让西方画走向了现实主义。这两种方法，没有良莠之分，因为它们都是艺术的分类，犹如目标管理与惊喜管理。在过去的实践中，我们发现采用开放式的人才管理容易产生惊喜管理，最早的时候我们认为这种方式的出现是因为引入了外脑与高手，后来才发现组织的宽松与规则的简单唯一才是激发结果的最大因素，宽松组合式的这种方式使得人的有效工作时间最长，效率最高。

所以，要开发人的潜力，达到惊喜管理的目的，需要以人为本，要释放人的天性，要处处以人的天性为出发点，无论这种天性是人的优点还是缺点，都需要顺应目标对象。人的创新能力是一种天赋，天赋是无法训练与培养的，只能激发。这种激发的技巧，很难用文字或者方法将其表达出来，在长期的团队建设经验总结中，我们发现人格属性中八卦相对的人员，在面对某个事件的时候，具有量子效应：有些人很容易变成正向的能量增加组合，而有些人却很容易刚好变成能量抵消。如何把具有各种天赋的人员聚集起来，配备有效合理的组织机构与管理方法，最大程度地激发人的这种创新创造的潜力便成了我们的研究对象，于是形成了人才配置的概念。

（三）团队的执行力

团队的执行力是由团队的艮震特性控制的，一个团队其中层的配置，由艮震人员来组建是最佳的。对于家族企业来说，由于资源有限，往往很难具有可以最优化的人力资源配置条件，这个时候采用适当的信息化管理系统，可以弥补一定的缺失。一般来说，中国的家族企业的人才资源，最缺少的就是优秀的中层人员，优秀的中层人才一般建议是自我培养为上，高级人才社会招聘为佳。

一般的私人公司，往往采用高级人才自我培养，中层干部与底层人员招聘的原则，这是性价比不高的决策。最健康的社会形态是橄榄形社会，两头尖而中间大，家族企业需要有意识地培养庞大的中层人员，并且把这些人员纳入家族当中。橄榄的两头是流动的，底层人员是按任务分配工作，而高级人员是根据目标而获得报酬。

全面项目管理平台，也许刚开始平台上的底层人员人数很多，但从管理内容与资源投放来看，他们是无需企业级管理的，所以在管理层面上，他们被认为是橄榄尖。而这些人员一旦成为家族企业的长期合作者，他们自然的也就可以得到企业的严格培训，从而成为企业中层，成为家族的一分子。

所谓家族，就是命运共同体，我们不能把家族企业的中层当作雇工。积善之家，必有余庆，不把自己当资本家，不视员工为雇员，员工执行力自然就提高了，莫学社会上所谓的现代企业管理，它不过是投资者、经营者、雇员的一场相互博弈的游戏。

工作是提升心志、磨炼人格的修行，想要好好活，就得好好干，这是针对家族企业每个人的，没有人是例外。

第四章　家族企业的经营生态圈

　　企业的经营生态圈是一种可持续发展的产业多维网络体系。它有五个维度：生产维、信息科技维、人力资本维、本体或者基础平台、公共维（政府维）。生产维度对于家族企业来说，有内生产与外生产，目前我们国家所建设的各类工业园区、产业园区都是企业的外部经营生产维，而内部的生产维就是企业内部的生产信息流。人力资本维是包含整个家族与部分社会的人力资源构架信息，但凡是愿意为家族企业提供服务价值的人力资源，都是企业的人力资本维。公司一般是一个封闭的系统，而平台企业是一个开放的系统，这就像以前的国家边境线，要变成一个具有边界线却没有国境线的管理体系，这一定需要改革。

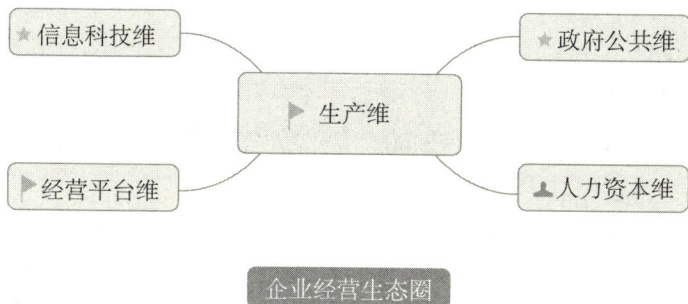

★信息科技维　　★政府公共维

▶生产维

▶经营平台维　　♁人力资本维

企业经营生态圈

　　具有雄心壮志并逐渐具有自我稳定价值观的管理者，会具有改革之心。之所以想改革，莫过于具有图强之意，没有其他动力了，其他的因素都是间接的而不是直接的。之所以想图强，来源于屈辱、困境与磨难，假如这些因素不强烈，那么所谓的图强其实只是一种梦想，而非真实的需求，改革一般都会半途而废。

就改革而言，人类的历史就是一部改革史，但凡真正让后世受利的改革，其改革者本身大多无善终。为什么呢？因为当改革者与当战士是完全不一样的，用做战士的心态去做改革，很容易失去自我。当战士，很单纯，敌人是谁，谁是敌人，很清楚，而当改革者，谁是敌人谁是朋友，就非常模糊。因为模糊，只能目标管理，没有永远的朋友，只有永远的利益，于是问题处理得不得当，便会导致其最后难得善终。

人类的成长是一个循环，一个螺旋上升的循环。只有那些遇到同样的问题，突然明白前人告诉他的真实含义的人，可以站在前人的肩膀上更进一步，这就是进化。就物理学原理，作用力必然具有同样大小的反作用力，这是绝大多数人中学就学习到的东西，但很少有人真正把这些物理定律应用在自己的现实生活中，这与自汉开始实行的填鸭式教学习惯非常有关，看重运用而不看重理解。但凡改革，一定是新兴势力与老势力的一种较量，如果大张旗鼓，搞得如同运动会一样，那么其改革的道路一定是"道高一尺，魔高一丈"，双方必须不断加码，最后一定会有一方突破自我的极限，最先倒下去的就是失败者，并不是代表先进生产力的就一定会胜利。

真正成功的改革家会这样做吗？不会。因为睿智的人是不会采用这样的笨办法的，天地自然驯化之道，真正的高级管理者是治疗未病，而非头疼医头脚痛医脚，所以我们很难从历史的记录中找到他们，历史记录的都是激烈的过程，而具有大功的皆无名。我们观察历史记录，总是发现人与人之间就是博弈的关系，这其实是一种错觉，因为只有这部分流传了下来。

就企业的管理变革，最合适的方法是信息化。假如您对家族企业的管理不满意，那么您根本无需指出谁谁不足，谁谁需要提高，为什么要去指责那些曾经具有汗马功劳的人呢？为什么非要还没有真正开始工作之前，就先树立一大堆敌人呢？所以在我们看来，绝大多数企业管理咨询者都不是在真正为他们的企业治疗疾病，而是以变革之名，赚取自己的利益，赚钱为需，治病为旗，最后搞乱企业。之所以最后会搞乱企业，实际上是企业内部具有一种势力，希望企业乱，以求在乱中谋求自我的好处罢了。

一、家族企业的信息化

企业信息化一直都扮演着公司变革的角色，最早的信息化是扮演企业数据库的角色，把企业的日常工作数据信息化，实现企业无纸化办公的需求，引领了企业信息化的发展。渐渐有的企业做得好，有的企业做得差，管理者想知道做得好的为什么做得好，做得差的为什么做得差，于是经过总结后，好企业的信息化方法就变成大家模仿的对象，企业信息化就变成一种企业最佳实践的方式。

有的企业信息化后，管理层非常的头疼，因为以前一个电话就能解决的事情，现在必须要在系统中走流程，管理者一天大部分时间都需要花在系统的审批上。由于工作模式没有改变，企业的管理者做内控管理为辅，CEO 还需要扮演首席销售的角色，当然这样的信息系统看起来都是垃圾。出现这样的烦恼，只有两个原因，一个原因是管理者授权不足，以前都是粗框架管理，对于企业发生的每一件事情管理者都会插上一脚，而开始精细化管理时，管理者自然没有精力与时间。另外一个原因是企业的信息总监能力不足。前一个原因又有两个分支原因，一个是习惯使然，另一个是暂时放不下；后一个原因也有两点，一个是企业信息部门不是管理岗位，二是信息总监简单地把原来的信息沟通模式照搬过来，没有加入自己的方法论。其他的原因都很好理解，我们就不细化了，我们仔细的描述一下"信息总监简单地把原来的信息沟通模式照搬过来，没有加入自己方法论"。

传统生产企业

传统生产企业的管理系统是闭环

创新生产型企业

用户体验中心
行业委员会
政府或者风险投资商

创新生产企业的管理体系是开环

一个汽车生产单位，一个新能源汽车的生产单位他们信息化内容是一样的吗？一定是不一样的。它的不一样在什么地方呢？简单来说，前者是一个产品开发与生产体系，而后者是一个用户体验中心。无论什么样的企业，对于人们已经很习惯使用的，我们可以按照产品体系来建立其整个运营管理，其信息化完全是为自我管理服务；而正在变革与正在替代的阶段，这个准备建立未来的单位，它应该首先以用户为原则。对于成熟的产品，比如洗发水、洗衣机、冰箱等已经在人们大脑中建立起来固定的定义与使用习惯，企业是不需要花费太多精力去吸引粉丝的，只要做好自己就可。但对于我们生产的产品，一定会有小问题的产品革新阶段，企业需要以客户为本，不能自己关起门来搞，并自以为自己搞出来的东西，一定是合适消费者的，所以对于要运营新能源汽车这样的单位，我们必须要建立起用户体验中心的概念，要把用户拉到企业内部的管理流程与体系中去，同时新战略新产品新行业，必然要与投资机构，行业委员会联系紧密，相互影响，所以这两个单位的信息化原则是完全不一样的。在新能源汽车运营信息化的过程中，如果照搬常规汽车单元的信息化，其整体失败的风险是很大的，因为管理者的关注点不一样。

就整个家族企业来说，家族企业的信息化就是其整体生态平衡圈的神经系统，是管理过程化、过程制度化的工具。企业治理，想讲究治本，必先调整企业运营平台的机制。变革时期的家族企业要建立用户体验中心，让用户进入日常的企业管理流程中，企业内部首先要建立一种平台机制，这就是站在高层管理者的角度，对各种各样的任务实行"项目管理"，以满足天使用户、天使投资者即企业本身的需求，其核心内容就是创造和保持一种能使各项任务有效实施项目管理的组织环境和业务平台。根据这种原则，企业的神经系统（信息化）应该是一种云服务模式。我们目前的云服务还体现在硬件层面，但软件层面今后一定会成为标配。由于任务的项目化使企业可以用一种简明有效的手段来管理成为可能，所以只有在企业的任务项目化的情况下，企业的信息系统审批流程管理才有意义。从附件《全面项目管理系统说明书》参考例的相关流程审批表格中，我们可以知道，一个流程发起人发起一个流程审批是很复杂的，需要发起人对他要发起的这件事情做非常全面的书面描述。一个从公司向企业变化的组织，过去一定是高效率工作模式，当具有好的机会的时候，一个电话或者与企业的领导者面谈几次，仅仅口头表达就解决了项目的启动问题。如果信息总监简单地机械照搬现代企业管理方法，失败的概率会相当大，因为信息化的目的原本是增加企业元素与信息点之间的信息沟通通路，解决信息不对称的问题，但如果一下就让企业开始这样的流程运作，无论申请人还是审批人都不会适应，一种管理工具让别人用起来不顺，那么这一定不是好工具。在全面项目管理系统中，之所以要如此进行，其实是与企业预算管理的方法论非常有关的，在这种体系下，预算是分三层体系，也就是说一个需要企业资金支持的事件，如果其总预算为100%，实际操作的分配预算是CEO级别一部分，企业的项目管理中心一部分，部门一部分。当有发起人发起类似的一个流程审批时，他的部门领导审批同意就代表他已经获得可能10%的资金，当项目管理中心审批完成，也许他又得到了40%的资金，当他获得最高执行官的审批，他的项目资金支持就算完毕，信息系统归根结底是一种管理机制。

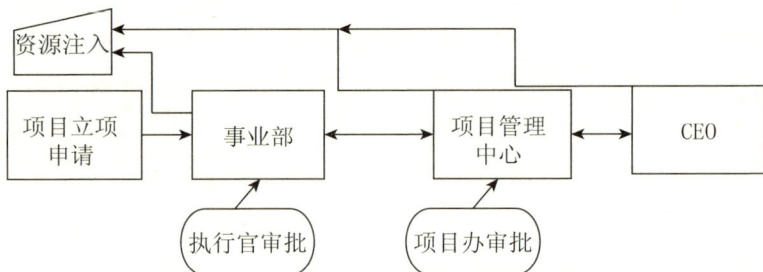

每个申请或者审批，如果通过都会有资源注入

如果信息系统按照原来的审批模式，要么得到100%，要么什么都得不到，那企业的信息总监实际上给企业内部人员多加了一个公关对象，企业的工作者不但要去与市场战斗，还要与企业内部的人员战斗，人为地把企业的内控人员与企业员工对立起来，进而会形成复杂的博弈与共生关系。所以企业神经系统要运转得当与企业整体的运营管理思维是非常有关的，犹如人的神经系统是人大脑系统的一部分一样。

　　当发现企业内部的人员有些不合适，与其督促他们提高，不如让大家参与一种游戏。假如发现企业的销售人员不积极，与其要求他们要去常常拜访客户，不如设计一个计算机游戏，鼓励员工每天步行，后台通过 GPS 定位不断传输员工的位置，员工可以通过系统查看他的热量消耗情况，可以查看他的心率，由此查看他的各种健康评估。更为重要的是，信息管理中心有奖励，假如员工锻炼得很好，同时又不断给企业 CRM 系统添加各种有效信息，那么就可以赚钱，也许员工啥业务都不做，但只要这样游戏玩得好，他也会有多余的收入。底层员工是按任务获取报酬，与其督促他们，不如尊重他们，由于家族企业按照橄榄管理，过分督促底层员工反而容易激起他们的消极心理：混日子活下去就好，其余皆可不管。假如一个部门管理者不是太合适，那么我们就鼓励合适的人为企业奉献他的知识，只要有人为企业知识管理系统贡献了他的日常工作心得与经验思考，并分享给大家，信息管理中心也会有奖励，他们也能赚钱，不太合适的工作者自然就提高了工作的能力。人都是具有自尊、积极一面的，即使不要求他们，绝大部分企业员工都会因为好的信息化系统而主动进行学习与提高的，这就是管理方法论的引导作用。只有那些无法被引导的人员，才应该被淘汰，既然我们需要直接淘汰他，那么就没有必要去挑剔他了，赋予每个人尊严，应该是我们家族企业需要掌握的管理精髓之一。德鲁克的管理学核心在于如何让企业找到创新性与延续性之间的平衡，我想这应该与中华古文明的易经文化是完全一致的。德鲁克所理解的实现组织的机构的目标只是管理的任务之一而非全部，其实也就是这个意思：一个市场销售人员原本是应该以实现企业的销售目标为目的，但我们的管理措施只是鼓励这样的趋向，而不是生硬地直接对结果进行考核。这种做法反而让事物的发展变化形态更加动能化与优质化，这就是企业信息化的精神。

2008 年的时候，经济学家韩和元博士批评笔者过于夸大了企业信息化的作用，人总是会夸大他自己的专业或者职业的作用与价值，今天我依然如此，但真理应该是站在他那边的。管理学是有悖论的，在目标确定、组织稳定、行为清晰的状态下，我们真正地开始实施某项管理方法时，就会发现很多东西都是双刃剑，方法一定是根据环境与资源进行变化的，就如过去公司的信息化系统有些时候也会成为企业级信息系统的绊脚石。

（一）财务系统的信息化

开始企业化的企业财务系统与一般公司的财务系统也具有管理思维上的不同，当一个公司开始企业化的时候，其财务系统的信息系统会有哪些不同呢？不同的地方应该就在于精益管理上。企业的精益管理为什么会导致财务系统的变化，我们可以举一个例子来说明：

下表是某公司采用吸收成本法编制的利润表：

	第二季度	第三季度
销售收入	4 022 755	4 182 214
销售成本	2 909 477	3 049 357
毛利	1 113 278	1 123 856
调整		
直接材料差异	24 485	28 065
直接人工差异	31 380	37 562
间接费用差异	64 527	88 880
废料	34 392	28 782

	第二季度	第三季度
差异合计	154 784	181 289
营业毛利	958 494	951 568
营业费用		
销售费用	96 006	97 670
运输	429 797	951 658
营业费用合计	525 803	529 717
营业利润	432 691	421 851

　　这是一个刚开始企业化的公司进行企业生产管理系统升级后的季度财务利润表，从这张表上看，这个企业的销售收入是增加了，但销售利润却在下降。就企业来说，一般季度与季度之间，其相对环境是比较稳定的，是什么原因造成财务数据下降了呢？作为开始精益管理的企业，也许我们已经从精益管理中获得好处，从顾客订单到发货的时间都已通过企业的 ERP 系统大大缩减，生产周期也缩短，销售收入有所提升，应该企业的财务系统反映这种良好的发展态势才对，但为什么企业的财务报表数据却出现了完全相反的信息呢？

　　研究企业的信息大数据，我们会发现企业这三年的员工一直没有变化过，企业进行精益管理改造过后，其员工也没有变化过，唯一变化的是：过去企业是按照大规模生产进行资源配置的，其原有体系的目标是使每个员工与生产设备生产效率最大化，从而使每单位产品的成本降到最低。从流程图中我们可以看到每个生产的单位数，按照预计的客户需要安排生产计划，然后进行大批量加工，采购人员要使各个供应商经常在开价期间互相竞争，以保持最低的原材料价格。从这个流程图中，我们可以发现这其实是我们绝大部分企业的实际运行模版。一般工程类公司与项目类公司也应该是这样的工作流程，原有的企业 ERP 系统也是按照这种制造企业的最佳实践定制化的。

咨询该企业的财务总监，他是一个经验丰富的财务从业人员，从事这个工作已经 20 年了。他认为之所以会出现这样的财务数据是因为企业的采购为原料支出得过多，其次是人工效率低下导致的。

实际的情况是怎么样的呢？是因为财务总监一直都在使用标准成本统计法，这种标准成本统计法是根据大规模制造而定制出来的财务管理方法。企业 ERP 改造后，企业的生产流程已经改变，进行企业化精益制造改造后的生产流程与原有的大规划化生产有许多的不同。一是企业生产原料是合作模式，由统一的单位进行本业务单元的原材料供应，每次补给都是小批量的，完全根据客户订单而进行的计划。其制造过程，原来原材料与部件都由企业的各个部门保管与流转，而如今是直接从原材料仓库进入制造单元，然后成品就进入仓库。企业级的管理只有两个管理点，一个是从原材料仓库的进入检查点，一个是进入仓库的成品监测点。过去由于是采用部门级企业管理理念，每个部门仅仅只负责其负责的部件，各生产机构负责各种的部件生产，然后由总装负责总体装配，各原材料散落在各自的部门，其企业级的管理点在每个部门内，只有总装会对每个部门的输入进行质量检验，但这种检验由于存在部门的鸿沟，所以最多只有检验而无管理。

按照企业管理原理，当我们进行了精益制造管理后，企业应该具有很大的提升，但为什么财务数据却刚好呈现相反的表达呢？是因为当企业关注提升自我产品的质量后，其利润就一定会出现下降吗？实际上不是，它仅仅是成本统计法的运营问题。[1]

用户体验模式或者新经济模式在生产控制单元，都有精益化发展趋势。当开始实施这样的趋势，公司自然就开始从规模化生产模式向精益生产模式发展，这种演变会导致原有的公司信息系统进行大升级。这一直都是被中国企业所忽略的，虽然自己已经开始企业化，但基础设施、人员结构都依然还是过去的发展模式。

新经济模式实际上在 2006 年就已经产生了。我们曾经建议过：可以不要把电视机当作产品来卖，因为人们之所以购买电视机并不是真正需要电视机，真正需要的是通过电视机看电视，这才是真正的行为动机。所以可以不卖电视，而是送，统统免费送，直接收取服务费用就可，对于用户来说，电视旧了厂家直接更换。这解决了很多问题，包含资源的有效利用，废物的统一回收，各方面都是高效的。而到今天，比如对于新能源汽车，我们依然认为如果家族企业可以转变观念的话，也不要去想如何去卖，而是想如何去做服务，个人觉得没有必要每个人都要去购买新能源汽车，人们购买服务就可，采用共享模式，这样可以达到社会资源的最优化利用。

另外，当一个公司企业化后，必定会形成金融中心，需要按照金融中心的管理方式来管理。当企业建立起上市的融资渠道后，原来的财务系统，当问之：当一个项目机会来临的时候，我们是发行股票好还是发行债券好？过去的系统，怎么能回答这个问题？一个企业如果没有建立金融中心，按照金融中心来管理，其所有企业化的外表99%都是虚的，其内部的运作一定

---

[1]　参见［美］瑞夫·劳森编：《管理会计师协会教学案例》，杨继良译，经济科学出版社 2012 年版。

是磕磕碰碰的，限制他们发展的往往不是市场环境，而是他们自己。这种情况如果不能得到改善，那么企业内部就会自然而然地产生劣币淘汰良币机制。很多人不了解社会上为什么会出现越是恶性的东西越是强大，而越是优秀就越是没竞争力，反而常常在现实中被淘汰。其实这仅仅是人类社会爱美之心的易变，当钱币100%含金量与70%的含金量其价值是一样的时候，社会上一定最后全部流通的，都是70%含金量的钱币，此乃人道也。

家族企业的金融中心信息化系统，与过去公司的财务系统具有本质上的区别，所以是不可能在原有基础上进行升级的，过去公司财务系统是根据工商税务的要求而进行开发实施的，而家族企业的金融中心信息化系统是根据自身的管理需求而进行的。家族企业的金融中心信息化系统是按照数据层、网络层、共识层、激励层与应用层五层框架模式搭建起来的。

（二）人力资源的信息化

家族企业的人力资源战略，就是要让不同的人具有不同能力，让不同的价值产生不同的价格。有人理解企业的人力资源就是为老板省钱的部门，这种观念可谓大错特错，完全与天道相违。要让不同的价值产生不同的价格，首先要有鉴别千里马的能力，没有伯乐之才，就不能干这个职业。如何让没有伯乐之才的人适应与适合这个工作，是信息化的难点，但这也是信息化的优势。信息化可以运用大数据分析，让计算机通过某种合适的算法，帮助企业人力资源的从业者，这是家族企业人力资源系统的价值所在，或者说是HR系统的使命。

家族企业需要哪些人力资源的信息呢？我们与曾文正与胡林翼所见一致，即我们需要了解这个人的"勇""智""仁""信""忠"，假如我们的人力资源系统不能了解这些，我们又怎么能去设计个人能力模型呢？如果我们不能设计出个人能力模型，那岗位能力模型等于空设，没有任何意义，招聘与选择任命人员的过程就是赌博或者是一个过场，看起来应该能合适，或者就一味地看简历中的相关工作，查看简历的相关工作经历一定是企业需要执行者的时候，因为执行者他们知道应该怎么干。当企业需要选将的时候，用这种方法，唯一考核的仅仅只是意向员工的随机应变能力，没有诚意的企业一定只能遭遇到没有诚意的员工。企业的人力资源系统应该是为企业选将而服务的，这应该是其本职工作，至于选兵，那是企业各级将领的事情。人力资源系统仅仅是一个代办者，家族企业的人力资源系统如果是一个官僚机构，这一定是企业的灾难。人是企业的灵魂，不同的吸引力会吸引不同的人来聚集，我们的世界是一个竞争的世界，无论是人还是企业都无法摆脱命运的束缚，对于人来说，需要不断地学习，以便适应时代的变化，不然其就会渐渐被时代所抛弃。企业也一样，当天时变化时，必须去变革。而变革的不是说您成功了就高枕无忧了，而是如果您成功了，您才会具有继续去战斗的资格，而您如果失败了，那么您就出局了。对于每个企业人而言，企业是实现理想的平台，而不仅仅是一个饭碗；对于普通人来言，这个企业倒了还会找到其他的养家糊口的方式，他们失去的是作为某个组织一分子的荣誉感与归宿感。这种荣誉感与归宿感的建立与抚育就是家族企业人力资源管理工作的内涵。由于没有人力资本系统对于员工价值线的记录，绝大部分中国的公司人力资源都会把 70% 含金量的人确定为比 100% 含金量的价值高。人类社会是一个竞争性的社会，人因为需要参与竞争，所以需要不断提升自我的综合能力。假如一个人业务能力不行，他就会自然地加大社交能力的提升；假如一个人工作能力不行，那么他就需要力图与领导保持良好的互动关系，只有这样他才能在竞争中活下来。企业如果不去鼓励员工把精力与时间专注到业务与工作上，这个企业自然就会源源不断地生产出八面玲珑的人才来，而能够把工作做深做透的人，慢慢就会被环境窒息掉。

家族企业的用人之道，我们觉得要切记手段与目的之别，千万不要学习腐败体系下的习惯，考察中国千年来官场的考核制度，无一不是具有良好的旗子却难有其实。"勇""智""仁""信""忠"这些都是事物的表象，无法进行量化，如果直接用这些来作为指标，实际上是鼓励人人作假，讨好上级。要用信息系统记录每个人的工作过程，而不是简单地执行考语，要用计算机的大数据分析结果来判定一个人是否符合要求，用计算机来取舍资格，用人之人来选择任命。

◀美国陆军的任命系统就是由计算机 AI 系统进行的，当具有某种任务的时候，计算机会根据它的算法，挑选几个候选人。而美国陆军的领导者，只有从这几个候选人中挑选的权利，所以他们几乎避免了一切腐败的可能。

另外，在实际工作中，一个上级在给下级考语时，凡用心之人，其考之人的考语一定个个不同，但凡考语相同者，其上级皆不合格者也。附件的全面项目管理，其核心并不是项目管理的信息系统，也不是一个企业战略管理的好工具。在企业的项目管理与战略管理方面，好用的信息系统有很多，其核心在于利用了人类大脑的奖励机制，企业文化这个东西不是靠宣讲建立起来的，而是机制。网络游戏具有成瘾机制，人们大都反对之，很少有人研究人为什么会对虚拟的世界如此沉迷，明明理智告诉你自己一切都是虚拟的，没有价值的，但人们依然会不受控制地沉迷其中。管理级全面项目管理信息系统的核心就是大脑的奖励机制，家族企业这样的信息系统是无法被替代的，因为这样的信息系统会让员工不自觉地去努力完成企业布置的任务，会不自觉地去挑战难关，会不自觉地让自己沉迷在家族企业文化中，它是一个任务系统。

（三）家族企业的信息管理中心

发展与资源限制的矛盾，不可能靠大换血来进行。一个公司开始企业化，并开始向家族企业发展时，人一定还是过去的人，其主力框架是无法变化的。除了要号召大伙儿多学习，一有时间就自我督促提升自我的知识构架外，最有效的工具就是建立起合适的信息化体系。

信息化系统是行业最优管理实践的总结，当一个企业的首席信息官确认某个管理方法与模型后，其工作习惯一定是与过去的某种工作习惯有不一样的地方。企业信息化是一把手工程，如果没有一把手的强力支持，其企业的信息化也一定会失败，无论其选择了一个多么优秀的CIO。因为CIO是不能改变别人认识的，他无权去改变别人的工作习惯。假如一个CIO仅仅只是按照现有人员的工作习惯来建立信息系统，那么这个CIO又是不合格的，企业的信息管理部门是一个管理机构，而不是一个单纯的服务机构，信息管理中心如果没有管理的职能，建立信息管理中心，就没有任何价值与意义，企业的神经系统一定是企业大脑系统的一部分，这是无法分裂的。

家族企业的信息管理中心是企业的情报中心，所以我们觉得信息管理中心有三个子单元，情报中心、基础设施部、应用管理部。不过，这种认知从来没有给我们带来过好处，大家觉得明明就是一个修电脑的，却要插手其他部门涉足其他部门的数据分析，这是一种不务正业、讨人嫌的行为。这与东方人的习惯是有关的，东方人是围城文化，但凡部门一定都会下意识地围一个墙，人们并不习惯协作工作。这就是为什么有一个故事说犹太人发现加油站很赚钱，于是加油站旁边一定就会聚集起来一个产业链，而中国人一旦发现加油站很赚钱，加油站旁边一定会形成一堆加油站的原因。一直觉得只有中国的家族企业会真正发现信息化的魅力，因为家族企业是由志同道合的亲人与朋友组建起来的组织，他们会比较容易理解生态平衡圈的概念，由此也许会改变中国人习惯认知的现状，笔者一直期待着中国家族企业的崛起。

二、企业的生态平衡圈

我们已经介绍了很多方法，这些方法的目的只有一个，那就是建立企业的生态平衡圈。假如一个企业开始信息化开始进行企业并购等，仅仅为了某件事情而做某件事情，忘记做这些事情的目的，有一天一定会感到茫然失措，因为他必定沉迷了手段，却忘记了手段的目的。这就如同小朋友们学习下围棋，很容易看到可以攻击的地方就不断攻击，忘记了我们攻击的目的仅仅是为了保持自己的优势，而不是为了痛快。前面我们已经说了如果哥哥做一个品牌的沙发，弟弟做另外一个品牌的沙发，这不是家族企业，什么是家族企业呢？如果哥哥做一个品牌的沙发，而弟弟做另外一个品牌的发泡材料，这就是家族企业，因为他们内部具有上下游的概念，是一种利益共同体的状态，我们把这种利益共同体叫作生态平衡圈。生态平衡圈就是经营生态的生产流（生产维度），玄学中叫建设企业的"乾坤之力"。企业的修炼与少儿教育是完全一样的，修乾坤谓之神，修坎离谓之志，练艮兑谓之德，练震巽谓之思，气得其和，四者不衰。

　　生产维一般政府已经帮我们做了一些，虽然有些时候，我们也许要帮政府去建设，如果我们需要去帮政府做这个工作，那么我们一定是地域的龙头企业。产业园区的建设与运营，本书就不展开进行描述了，仅描述企业内部的生态平衡圈部分：比如以市政建设起家的企业，其建立苗木绿化公司，就是好方法。主业在修公路，副业一旦成立就可以共享客户资源，公路建设或者有轨电车的建设运行，会源源不断地为其提供免费的苗木养殖基地，既美化了环境，又产生收入，同时成本非常低廉。选择资源合作与优化，看起来让苗木运营公司很难管理，因为这种免费的养殖基地与过去承包一片农田的方式管理是不一样的。以前是农民方式，圈地然后进行生产，而现在需要智慧化与智能化，不然便无法合理地管理它（养殖基地是一条线，而不是一个点）。这自然又生出一个家族企业的生态产业链——智能化公司，智能化管理公司可以整合到主业中，这样主业又帮助了副业。副业的需求建立起来的智能化公司，反过来也会提升主业的经营范围，在同样的客户环境中，达到利益最大化。当这个智能化公司发展起来的时候，家族企业也许就可以尝试有轨电车的 PPP 建设运营，PPP 建设运营一定也是体系化的，运营项目注定管理沉淀，而过去工程建设项目是一次性的行为，其气不同，只有企业内部具有了智能化管理团队，才有可能真正运营好。

◀企业内部的生态圈，也涵盖企业的五大中心平衡的概念。企业的研发中心对于企业的营销部门是有利的，但它却会克制本体的管理者，所以 CIO 这个职位的父母是主管这个企业内控的监事局。正是因为内控的需求，才成就了 CIO，CIO 自我内心一定要搞明白。

　　PPP 建设运营的业务单元又可以建设更多的生态平衡圈，比如广告公司等，经营市政项目我们是不能希望去赚钱的，如果它能赚大钱，我们就必须主动打破它，不要让它去赚钱，要让利于民。我们用什么去赚钱？用生态平衡圈。当我们明白生态平衡圈的概念，也许主管人力资源、主管企业投资并购的团队人员才会真正明白他们目前工作中的差距，家族企业一定不会为了企业的财务报表而去做兼并收购。[1]企业之所以要先有智能化队伍才能进入有轨电车的运营，是因为运营就是数学，这与做工程是完全两样的，类似电车运营一定是上下班、节假日、高峰期人流多，而平时人流少，假如这个运营公司搞得像国营企业一样，不去精确计算与配置，那么其一定是玩不动的。所谓精确计算，比如电车的检修时间一定不是按天进行工作安排的，而是分段检修，企业车辆一定是先满足了高峰期，10 点开始进行检修，这样国营单位需要投入 5 辆电车才能保证高峰期的运营，家族企业也许仅仅只需要 3 辆。国营单位一般会根

──────────

　　[1]　家族企业上市后，之所以会迷失自己，很大的原因就是管理层没有家族企业的理念意识。

据自我来确定运营，但家族企业不会，家族企业会研究各种客户的信息，发现他们的爱好与习惯，并在运营的过程中充分地、合理地满足用户的潜在需要，满足这些需要家族企业也许是直接赚不了钱的，相反它可能一直都是白花钱。但这种投资迟早会带来翻倍的效益，因为这些行为可以很好地建立企业所需要的基础运营数据，当所有的企业运营管理行为是基于运营数据的分析，而不是拍脑袋出来的时候，企业的运营管理就开始真正地不断扎根，数据层、网络层、共识层、激励层与应用层五层框架自然而成，五行相生循环。

　　建立企业的生态平衡圈，最主要的目的是要让家族企业从封闭式向开放式转变，变成一个平台公司，这一点应该会是中国家族企业最难的一步。中国几千年来一直是封闭式社会，具有巨大的封闭式社会的惯性。封闭式社会是资源争夺形式。电视剧《三国》中有这样一段剧情，曹操最疼爱的儿子曹冲死了，电视中说是由其哥哥毒死的，这也许是真实历史，也许并不是。但这却一直是中国社会的特质，所以中国古人一直教育自己的后代，有才不要外露，正如电视剧中司马懿说曹冲是他自己害死的。曹冲心灵善良而且聪慧，原本可以为这个社会与时代建立功业，但在封闭式社会中，这样的人是很危险的，这也是中国当今社会喜欢麻将与斗地主的人是绝对主力的原因。打麻将与玩斗地主的精髓内涵都是一样的，在封闭式社会，生活的本身就是战场，所以在封闭式社会，只能产生资源的争夺而不可能产生创新。中国人非常聪明而且吃苦耐劳，却无法在对于整个人类进步发展具有重大意义的科技与科学上产生自己的东西。这并非是因为中国人不能，而是封闭式社会会扼杀这样的趋向。正如曹冲死后，曹操把曹冲的好友，具有天才神童之寓的周不疑杀了一样，因为他觉得这个人是威胁，是无法驾驭的。这种帝王之术的思维根生于中国人的内心，过去如此，未来还是会如此，唯一能改变这种特性的方法，就是要把资源争夺的封闭式社会，改变为创建蛋糕的开发式社会。不然，家族企业今后最大的风险，一定是亲朋好友间的明争暗斗，淘汰优秀会成为企业的宿命。

家族企业经营平衡圈的建立是为企业的生态平衡圈服务的，这个逻辑好像与常规逻辑不一样，虽然经营生态圈分为五个维度，但从家族企业本身的角度来看待，生产维度是其利益的根本，其他维度都是为它服务的。同样的知识概念，站在政府管理者的角度，与站在企业本身的角度，其内涵是不一样的，对于政府，这五个维的构建又是不同的。所以我们曾经认为企业不应该去做政府应该做的事情，而政府不应该做企业本分的事，但由于处在社会变革的初期，这种混沌还会继续存在一段时期。在设计家族企业生态圈时，要切记：但凡应该做的事情，要一次性投资到位，麻雀虽小五脏俱全，切忌做一步看一步，这样最后很容易除了得到经验，其他什么都没有得到。任何事物的变易，都具有激发态，到不了激发态，是一种娱乐，超越激发态太多，是一种浪费。

三、家族企业的矛盾、分歧与化解

人类社会之所以会发展与进化，与我们人类社会的费米性有关，实际上我们生活的世界，之所以是这样生机傲然的样子，都是因为量子的费米性。假如没有量子之间的费米性，我们的世界就不会具有有机物，更不会具有人类。如果我们人类社会没有费米性，那么我们会一直待在非洲，哪里都不会去。人类之所以可以不断进化，都是因为具有相同能量与特性的人不能相容。

由于遗传的原因，家族企业的家族人员八卦五行特性很容易一样，这会带来强烈的费米性。所以，采用科学的企业管理模式，化解家族企业的矛盾与分歧，尤为重要。这就是为什么我们倡导家族企业一定要向管理成熟度三级以上发展的原因，要让整个管理体系向权责分离发展，让企业的组织管理赋予胆小的人权利，而赋予胆大的人以责任。建立生态平衡的目的，是为了企业更好的生产，要更好的持续长期生产，则必须解决各种内部矛盾，需要解决方案与化解之道。

（一）家族企业的崩溃

家族企业的家族成员不一定具有血缘关系，这非常符合玄学的成功模型，所以我们建议把家族企业的中层都纳入家族中来，成为家族的一分子。每个人具有每个人的命运，其命运的属相决定了这一生中与其投缘的人员到底是哪些。这其实一点也不神秘，不同生活环境与经历带来个人喜好与思维习惯的不同，投缘一定具有相似或者相生。从大数据统计上来看，一个人与另外一个人相亲，具有血缘关系的与没有血缘关系的从数学统计模型上来看，是完全一样的。一个人与另外一个人相亲相助的程度，只有在父母与子女之间的关系强度上是不一样的，而这不一样仅仅是因为父母投入了爱的缘故。正因为此，有一些学者认为人与人之间的直系情缘关系是最稳固的。但这种现象，并不是因为血缘的原因，而是因为爱，所谓爱，是一种付出，一种不求回报的付出。但凡具有爱的因子，其人与人之间的关系相对于其他由于利益而混合起来的关系来说是比较稳固的。

正因为此，家族企业的人员组成，其家族成员之间是需要建立在相互欣赏，相互依赖，从而产出相互信任关系之上的。就一个家族企业来说，什么东西是最重要的？一个是其运转的机制，另外一个是从业者的态度。除了这两点，没有什么东西是最重要的了。觉得具有血缘、亲属关系就比其他关系更容易结成一个合作的团队，是一种不科学的假想，人类社会的血缘关系，一般不容易产生直接的相害，但并不会由此比其他关系产生更多的相助，相反生活在帝王家，兄弟间的关系反而是相害多于相助，企业主的家庭非常容易产生这样的现象。

家族企业一般都会具有一个灵魂式的人物，这个人物是整个家族企业的支柱。如果家族企业的这个灵魂人物突发什么意外，而这个家族企业没有家族办公室等这些机构，整个组织也从来没有考虑过这样的情况，那么这个家族将面临崩溃。这个时候围绕家族企业灵魂人物的小家庭的人员就会与家族的其他人员产生微妙的矛盾，最后演变的结果是这些曾经亲密的战友，变成了仇人。

一个人辛辛苦苦建立起来了事业，也获得了财富，但这个事业与财富不但没有给自己带来好处，反而让自己的整个家族陷入长时间的相互争斗与抱怨。这是我们想要的吗？一定不是。之所以这世界上绝大部分悲剧都是这样进行的，而且会不断进行下去，仅仅是因为我们家族企业的创始者，没有在自己有生之年，做一些防范。企业管理低成熟度的都是依靠个人能力而成功的模型，如果企业管理者不去改变它，让其进化到依靠组织与团队来成功，企业管理者就很难成为一个企业家，而仅仅只是一个依靠机遇，随波逐流的人。成为企业家的标志就是他已经可以不必仅仅被动依靠机会，而是可以自己去创造。摆脱不了宿命影响的领导者，无论如何不能称呼其为"家"。成为企业家很难，但作为一个领导者，应该具有这样的意识，知难而上。

人与人之间的矛盾，一般是因为思维习惯与误会而产生的。人是一个具有缺陷的动物，但每个人都可以拥有理智，可以通过修为尽量达到比较持续的状态，水与火并非不能相容，它们是具有平衡点的。同样，人们因为经历、教养、学识的不同，产生出对同一事物不同的见解，通过某种科学的解决机制，也是可以化解分歧的。这种机制对于家族企业来说，就是机构与制度，这方面的内容我们会在下一章详细说明它，对于未来的人类社会，权责分离的社会形态将会是必然。

（二）如何把企业传承交给子女

家族企业标准的传承方式是把企业管理权传承给子女，但这世界上如此传承成功的大约只有28%，绝大部分企业家之所以没有成功，主要是因为其违反了八卦五行原理。就我们所观察，中国的家族企业今后失败的概率应该会在85%以上，想把企业传给子女，对于中国的家族企业是一件比较难的事情。中国企业的发展不同于国外，绝大部分企业都是依靠社会变革，享受改革红利而成长起来的，因此绝大部分企业家的子女很难接手这个从草根壮大起来的组织。很多家族企业的控制者，让自己的子女进入家族企业是以投资公司为起点的，也就是说让子女成长于投资公司，并希望他们未来能够接手家族企业。这种想法很像中国目前的教育体系，属于败家之法，而非成就之道。

我们养育孩子，给予孩子以爱，当我们看到孩子们开心的时候，我们的内心会不由自主地也开心起来。企业一般来说对于企业的创始人的感觉，就像他们的孩子；对于企业家来说，大多数企业家都没有时间去培养自己的小孩，而把全部的精力都用在了培养企业这个大孩子。人类的情感是极其奇怪的，但这种人类的情感却是作为一个人，其一生中最值得回忆的部分。很多企业家由于忽视了对于自己子女的教育，所以当他们在考虑企业的接班人的时候，往往都会有所愧疚。实际上当一个企业家把全部的精力都奉献给企业这个大孩子，却没有花时间与精力去抚育自己的骨肉，这情形就像一个家长同时生了好多个孩子，却对孩子们有所取舍与偏爱，这一定是错误的。

　　教育的本质是放手，不论是对于企业这个大孩子还是自己的子女。很多企业家由于愧疚，所以用物质来弥补自己作为家长的失误，但这样做的后果，只会是恶性循环，企业家让自己的儿女用做投资的方式介入公司的业务，是这种行为的最大化。最正确的方式是应该单独成立一个具有良好现金流的单元公司，然后让子女去经营。为什么不能立刻让子女介入企业的主业呢？那是因为企业诞生一定是因为企业创始人带领着一群勇于开拓的人而成就目前状态的，一个根本没有经验的人，怎么能够与那些劳苦功高的叔叔辈的人在一起工作？强行加持，百害而无一利。而让儿女们做投资，实际上更加鼓励了子女的骄纵之心。之所以需要给予儿女一个实体，并不仅仅是为了锻炼他们，让他们明白经营的痛苦。更为重要的是，只有如此自己的儿女才会组织起属于他们自己的队伍，只有给予他们空间，他们才可能遇上在人生的路上真正可以帮助他们的人，让他们获得良师益友。让儿女们以投资来介入企业的经营，基本上就断灭了他们能够建立属于他们自己队伍的道路，他们身边所围绕的一定都是喜欢说好话的，人人都想从他们身上获得好处。在他们人生最重要的时刻，其结交的都会是酒肉朋友，孩子们对真正的现实社会不是太懂。难道企业家不懂吗？真正爱孩子的方式不是给其一部车，而是教会其开车；与其送孩子一头野山羊，不如送他一把枪。

　　对于家族企业创始人只有一个子女的情况，其家族企业的股份的传承相对来说比较容易。但如果有几个子女，企业到底应该怎样传、传给谁就会变得非常棘手，自古以来这都是一个相当难处理的问题，只要处理不当，就会增加人性中的嫉妒与仇恨，加重家族企业的危机。

处理这个问题，有几个重要的原则：①但凡是一体化的单元与公司，不要去分，不能有人人都可享受与拥有权利的想法。②要看重天命，不同的孩子有不同的天命，应该以孩子的天赋来确定他们的归宿。③选择能够让企业活得更久的人来接班，而不是为某种私利。一个人活在这个世界上，对于所有的资产都是暂时的代理者，企业家不能以传承财富的想法来干这件事情，而是要以传承负债的想法来做。这个世界上没有人能够真正拥有财富，任何人仅仅只是财富的暂时代理者，把资产的代理权交给最适合代理的人，是一种符合天道的精神，这是让家族企业长久以往的管理密码之一。

（三）家族企业的传承根本

只有企业完全摆脱了创始者个人命运影响的企业，才是真正可以传承的企业。假如企业创始人希望自己在世的时候，把家族企业传给下一代，一定要注意：当下一代接手后，一定会出现超越自己所认知的事物。如果这些东西并没有触及最基本的原则，家族企业的创始人一定需要控制自我，尽量不要去插手下一代的经营，因为只有摆脱了个人命运影响的家族企业才是健康的企业。每个人有每个人独特的个人命运，因为其命运不同，在对于世界认知上，下一代一定与上一代是具有不同之处的，要学会对于不同的认知、认可与欣赏。就是明明知道会产生一定的恶果，只要不会撼动大局，就不要去刻意修正它。

家族企业的传承根本，其实并不是人人以为的财富，而是债务。把债务传给最合适的人，需要数学模型上的能量递增，要让下一代在合适的情况下超越上一代，这才是家族企业的传承秘籍。人之所以不同于其他动物，在于人具有智慧。智慧并不是一个神秘的东西，它由两个数学原理组成：一个是信息判断机制，一个是行动决策机制。

一般来说，企业创始人在决定下一代进行传承的时候，其内心实际上是很愿意放手的，但往往做着做着就开始变化了。对于这个问题，我们也进行过长期的研究：为什么会产生目标与行动背离的现象？最早的时候，我们以为这是人性八卦五行的原因，但深刻研究后，最后确定之所以会产生目标与行动背离的现象与企业创始人建立起来的机构有关，也就是与这个家族企业的组织运转模型有关。于是，形成了如下几个问题，建议当有家族企业的创始人在打算进行交班或者进去企业传承的时候，自己给自己一个评估：

（1）目前企业决策是否是中间派是主角？中间派是指对决定的内容不十分清楚、意志薄弱、耳朵不大灵光的人，他们在组织的"票决制"议程中具有举足轻重的作用。在企业重大决策前，为了争取中间派的支持，决策方向矛盾的双方颇费心机进行争取，特别是双方势均力敌的情况下。只要目前的企业意见相左的竞争，不是直接竞争的对手而是中间派成了主角，我们就可以把这个测试当作阳性。

（2）目前企业的决策会议，是否对于项目预算金额越大的会议，讨论越短，而项目预算金额越小的决策，讨论的时间越长？如果是，那么这个测试也是阳性。

（3）是否企业人力资源为你设计了很多甄别人才的方法，但这些方法基本上是没有什么用处，最后你还是不得不采用偶然性的直观方法？这个问题需要自我很清醒地自己回答自己，这个测试是不能由任何其他人来问的，只有自己问自己。

（4）企业年会的时候，企业重要的人物总是在不同的时间到来，如果把会场从左到右分为 A~F 六段，从进门处到最远端分为 1~8 八段，则可划分出 48 个区域；在假定年会开始的时间为 H，且最后一名客人离开的时间是最初一名客人进场后 2 小时 20 分钟，则重要人物都会在 H+75 至 H+90 的时间在 E/7 区域集合，最重要的人物自然会在其中。

（5）高级主管辛苦而迟钝，中层干部钩心斗角，底层人员垂头丧气而不务正业。这个问题可以让您很信任的一个外人来帮您回答。只有三个都是，才是阳，而仅仅只有两个，那是正常的过程，病未入膏肓。

（6）企业中是否工作表现越优秀，任职时间越长，越难寻得合适的接替者，而在位者总会设法阻止职位较低的人接近自己的职位，以至不得不延长自己的退休时间？

假如企业的创始者自我评估这些，绝大部分都比较符合呈现阳性的话，那么您所交付出去的天下，或者您最应该期望你的接班人要做的事情，其实就是改革您曾经留下的漏洞。如果您清醒地认识到这一点，您自然就完全明白了本书中所介绍的知识：己土卑湿，中正蓄藏。不愁木盛，不畏水狂。火少火晦，金多金光。若要物旺，宜助宜帮。

此诀，家族企业管理之精髓。对于企业的接班人，绝大多数应该都不是从头到尾与企业创始人一同战斗的人，所以他们无法深刻明白当初的艰险。一般而言，企业的接班人一定会看到企业走了一条弯弯曲曲的道路，接班人千万要记住这种弯弯曲曲的道路才是正道，不要尝试去改变它，不要想着要建立一条直道来，可以去修补过去已经阻塞的弯道，加宽它，但不要去改变它。只有自己当过开拓者，才会明白在没有任何路的情况下，开拓者需要比跟随者付出十倍的努力，所以他们开辟出来的道路，一定是弯弯曲曲的，作为跟随者不要去计较这些，永远要保持尊敬之心，总结前辈的错误，仅仅是让自己不要再去尝试同样的错误，但永远要对过去的错误保持某种尊敬。

◀在大自然中生活过的人，知道
开拓的路绝对不会是直的。但
当下的城市环境长大的人，已
经不知道了。

虽然古人说胜败乃兵家常事，但有些时候我们会因为自己的失败而一蹶不振，我们在回首过程的时候，一定会发现自己的错误，他人的错误，于是就有责备的条件反射，不然内心总是有一股恶气，气不消，则智不达。笔者研究人的行为学几十年来，发现人与人之所以不同，在于人接受现实的程度。一个人对于过往的荣华富贵越是舍不得，越是会感觉现实的残酷。其实世界并没有什么变化，变化的只是自己的心。宽容他人，其实就是宽容自己，家族企业之所以出现风险，一般都是因为运作得不规范而形成的，依靠个人的能力而不是依靠组织的力量是过去所有错误的源头。企业的管理成熟度是慢慢建立起来的，当我们重新把企业最重要的事件按照项目管理的方法，进行过程域的控制——建立评估、开发一个计划、获得计划的承诺，建立基线、建立对于工作交付的任务属性评估，于是，我们就可以看到任何事情都会具有生命周期，我们能做的，其实就是根据天时与地利，尽量完成人和的过程，这就是管理。对于家族企业的传承者，如果你想改革积弊，其政治手段，必从官始，民有过，非治民，治官。重罚之处，必有重赏，弱赏之中，只能弱罚。如此，这世间没有治疗不好的积弊。赏由己出，罚由他定，例如家族企业的贪污受贿积弊，招众于宗庙，让每个人自己确定，假如其违反家规，应该如何，当场记录下来，他日若有违反，按其当日之定，落实就可。[1]

四、全面项目管理平台简介

一个企业慢慢做大后，都会面临着集团管控这个问题，这就是经营生态的本体维。由于有这样的需求，所以家族企业会想到利用外脑，在企业管理咨询中，有很大一部分咨询需求都是这样产生的。不过，很少有企业明白，咨询公司绝大部分时刻其实并不比企业本身对这个问题了解得更多，实际的效果仅仅是外来的和尚好念经罢了。

易经是如何解答这个问题的呢？易经本身并不会说什么样的方法是好的，因为变易本身对于事物的态度是"无情"。既然无情，那么对于具体的事物变易，它只说明趋势，虽然它态度很鲜明地说明吉凶，但你可以知道，事物发展的变化，有些时候是必然会历经困苦的，也就是说当你具有意识与目的，那么这个目的往往是可以分解的，而这分解的过程是弯曲的，达到目的的路，没有笔直的。"集团管控"的学问，是一个企业的政治问题，而非技术问题。

政治的本质是"这个组织应该如何管理"，所以集团管控这个学问是关于组织的，是关于人性的，而非业务。一个企业做什么业务，业务如何整合裁分，这些企业战略知识均非集团管控的范围，是无需考虑的。研究集团管控牵扯集团业务，以业务为本，并不能解决企业最大与最核心的政治问题，往往都会误入歧途，在正确的时间中，没有去做最正确的事情，从而失

---

[1] 故家族企业家规，其中并无如何惩罚等具体条款，家族宪法，皆希望达成之事，此赏由己定也。

去了建立百年企业的机会。

　　一个组织大了的时候，就需要牺牲一些个人的能动性，需要依靠组织的力量，而非个人能力去完成组织的任务与工作。有些学者不认同我们提出的企业管理成熟度模型，这是比较正常的，从人性上来讲，普通大众是比较喜欢天才型领导者的，有天生的神话领导者趋势以求达到集权的体制。易经并不反对这种管理模型，只是易经认为潜龙在田比为龙战于野更吉利。

　　当一个组织开始变得比较庞大的时候，组织的决策由情报部门提供资料，由参谋部做出实施计划，组织的决策者仅仅从两个方案中选择其一，比由决策者根据实际情况确立一个实施方案，从风险概率等各方面上看要更科学。企业追求90%的可能性去赚取10%的利润，还是追求30%可能性，可以达到40%利润，是大公司与小公司的区别。

　　组织比较小的时候，采用集权比较好，而组织比较庞大的时候，采用分权比较好。我们对于集团管控的理解，用一个粗框架的说明：如果我们粗框架地说明它，那么有一个单位是头，有一个单位是手足，有一个单位是五脏六腑，这是最粗的划分。这样的划分，我们认为集团管控是一种集权结构；如果我们更加仔细地划分，把大脑划分为左右脑、前额叶、海马体、小脑等等，从这个层面上，我们认为集团管控是一种分权构架，而非集权构架。模仿人的决策与行动体系来构架企业或者组织，是我们一直以来的心愿，是程序化管理的核心，程序化管理的目的是尽可能地消除腐败与贪污。

　　全面项目管理就是说把企业内部的行为业务项目化，按照项目管理的方法进行企业日常的运作，这是我们在2003年提出的一种概念，但它依然适合于当下。在全面项目管理化的企业，一场企业营销宣传活动，都可以按照"一个项目"来管理。家族企业集团管控模式可以参考它，也就是说家族企业的集团化管理可以按照事业部模型来搭建，与发明事业部管理模式的 GE（美国通用）不一样的地方，我们在这个体系中增加了 EPG（过程改进小组）的概念，这是根据实践，从痛苦的失败中总结出来的。

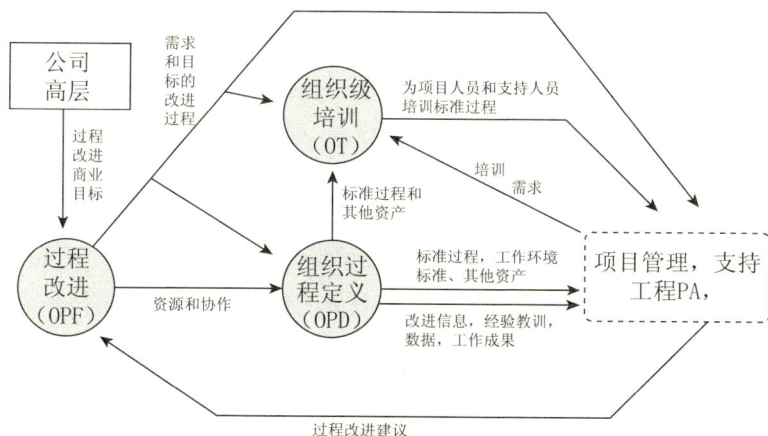

EPG 的常见工作流程

　　由于绝大部分企业的运作都项目管理化，所以对于某一件事情我们都为其确立了目标、预算、进度、质量以及后评估。有的企业觉得这样的方法太复杂，可以简单处理的事情，搞得很复杂没必要。为什么我们需要全面项目管理化呢？

　　在人类社会的组织管理中，最难处理的事情莫过于人与人之间的见识不同，因为见识不同所以导致行为趋向的不同。人类社会迅速发展的这几千年中，大量的有追求的领导者都想建立起来一个可以接受真话的权力机构，但这种状态却在实践中屡战屡败。作为具有理智的人类，我们知道在一种权力机构下，如果说真话很难，那么人们就会选择说假话，说假话得利，而说真话倒霉，组织的奖励机制就会慢慢腐败化。

为什么既然大家都明白这个道理，但实际上处理起来却异常得困难呢？这是因为当决策者打算做某件事情，想挑战目前的某种平衡时，没有智慧的"忠臣"就会跟他唱反调，一件事情还没有开始做，就开始束缚你，让你不能动弹。一件事情倒也罢了，如果件件事情都是如此，一个组织的领导者就会陷入忧郁状态，会越来越缺乏信心，最后他为了战胜他自己，大多会选择一条独断专行的路。[1]采用全面项目管理平台框架，是鼓励冒险与尝试新东西的一种管理方式，只要你愿意去做，那么组织就会去支持你，但这种支持是具有基线定义的，既要确立最佳的情况，也要确定最坏的情况，最坏的情况是可接受，而且是不放射的，这就是以引导为主的管理方式。不以引导为主而是以要求为主的管理，叫作集权主义，集权主义的核心是依靠个人的能力。按照全面项目管理思想来进行家族企业的内部管理是依靠组织而非个人能力。我们可以把这种管理行为定义为如下几种层次：

（1）已执行级。所谓的已执行级，我们没有区别高手还是生手，[2]但凡是依靠个人能力而进行企业管理的情况，我们都把其认为是"已执行级"，已执行级是企业管理成熟度一级。我们把某件事情安排给某个人，然后这个人得到命令，就去开始施展工作，当在工作中出现问题，他会立刻与给予其命令的领导进行沟通，领导根据情况然后帮其调动资源，但一般被调动的资源对于为什么要去帮助这个人并不十分清楚，仅仅也是领

---

〔1〕 独断专行或者威权主义，对于领导者或者对于整个组织管理，本身并无大害，其害在于这种方式，会让原本互补的其他单元渐弱，会逐渐让领导者亲小人而远贤臣，于是此等故事不断上演。

〔2〕 所以企业管理成熟度一级，并不代表企业管理得不好。

导安排，这就是"已执行级"。

（2）已管理级。所谓的已管理级，是在"已执行级"上面的提升，当领导给某个人下了一个命令，希望他去完成某个目标时，领导会同时把这件事情让类似"总裁办"这样的机构知道，并由类似总裁办这样的机构，进行这件事情的总体计划与配置管理，考虑事情结果的交付物是什么，如何判定交付物是符合企业需要的，要保障这个目标实现，其过程的完整性需要有哪些。这些过程我们叫他们为"过程域"，对于管理成熟度具有二级的企业，当某件事件成为某个目标，这个组织完成这个目标的过程域一般会有 10 个以上。

（3）已定义级。所谓的已定义级是企业管理成熟度二级的提升，在管理成熟度第三级，我们开始了风险管理，管理成熟度第二级的风险管理是由任务的执行者来控制与完成的，而在第三级，完成任务的风险管理由组织来完成，责任人在团队而不再是个人。在这一级，我们所确定的过程域，标准的过程域已经有 22 个。建立成本要素、建立资金的消耗率、建立关键的里程碑、建立管理基线，确定应该在什么状态下需要去跟踪任务，了解任务的完成情况，确定任务的变更以及应该如何变更，确立任务完成的执行人员应该需要什么样的技术技能、管理技能、过程技能等，这些过程域标准化下来，有 22 个。

（4）定量管理级。定量管理级是企业管理成熟度第三级的提升，这是一个比较高的级别。绝大部分企业是达不到也没有必要去达到的，因为第三级管理成熟度已经可以保证企业成为一个优秀的家族企业。企业管理成熟度第三级与第四级的区别在于：非常稳定、可控制、可预测，可预测是其核心。这一级企业的信息化系统已经非常完善，人工智能 AI 系统已经逐渐成为运行的核心。对于家族企业来说，这个时候，家族企业的集团层面的管理重点已经不是去完成当下的任务，而是去管理未来。

（5）优化级。这是一种在完全稳定的状态下不断打破原有规则又不断建立的过程。可以说这个时候，企业的百年梦想的基础已经完全建立成功，故我们把其定义为企业管理成熟度第五级。

附件的《全面项目管理系统》是企业管理成熟度二级向企业管理度三级过渡的信息化系统，是一种多语言版本，以方便家族企业的全球化配置。人是具有天生缺陷的，从人工智能的程序化来讲，所谓潘多拉的盒子，其实是一段程序代码，这个程序就是人遇到什么样的信息，产生什么样的情绪，之所以需要这段代码，主要是赋予人"自我的认识"。这原本没有什么问题，问题在太极上，在阴阳交替变异的底层线性的底层程序上。当这个程序在线性的底层程序上运行时，自然就会因为不同时区的阴阳组合，因为信息的敏感程度大小，产生容易生气的与不容易生气的。所谓"生气"，是一种力量，是暂时切断其他单元的能量供应，让分布式管理变成集中管理的模式，以求获得最大的力量。获得力量的目的原本是为了拥有克服当前困境的方法，但由于受底层的线性数学控制，天道不能跨越式地变化，于是就产生了当人燃烧自己的时候，其实并不能克服当前的困境。所以，当我们假设人只是一个智能机器时，从人的智能化原理上来讲，人的自我认知与自我认知所带来的情绪，十之八九都会给这个人带来负面的效果。同时，人大脑的决策，是一种信息计算的结果，信息越真实，那么决策越趋向正确，所以对于家族企业，只有组织化管理，分布式网络式管理框架，民主与集中相结合的方式，才是风险最低的智能化管控模型。对于家族企业，决策采用全球最大的对冲基金创始人伊恩·戴洛

（Ray Dailo）发明的决策运作模式是最好的：所有人的言行都进行记录，实现极度的透明，在决策会议室中总有不同的意见，谁知道谁是对的？让计算机来进行一次算法的综合，让计算机帮助企业的决策者计算一次，在企业董事会引入另外一个没有职位的没有情绪的独立董事，这就让家族企业步入了第四级管理成熟度。

当然中国的企业由于历史的原因，很喜欢把目标当作手段，把手段当作目标，极多的企业进行企业管理成熟度等国际通行的认证，并不是为了提高自身的管理能力，而只是为了获取证书。我们掌握了大量西方的管理学知识，但这些知识仅仅只是用来考试，在现实生活中，无论领导、同事、下属人人都会说这个东西好，却不自觉地抵制它，根本不会把国际通用的企业规范当作行动的指南，真正去实践它。我们也曾经非常的茫然，现实的怪诞与混沌让我们痛苦，后来我们渐渐明白了，原来：但凡是应该做的事情，都是对于人本身或者自我的一种约束。

五、家族企业的投资与并购要点简介

对于家族企业，特别是从过去机会主义市场的机会主义企业演变为家族企业的时候，怎么样投资以及投什么，是非常关键的步骤。企业管理成熟度的建立是需要投资的，建立自己的生态平衡圈也是需要投资的，但在建立这种生态平衡圈的过程中，家族企业项目管理中心如何建立项目预算是一个数学问题。

家族企业的项目管理中心，把企业的机会主义市场管理起来了，市场工程管理是一种对外的服务，这无需重点去描述，市场需要什么，企业就应该提供什么。项目管理中心对于项目的管理难点在于企业内部的项目，比如企业本身的信息化，企业的产品研发创新、管理成熟度的提升等。由于这些完全是企业自主需求与控制，很多企业并不知道在这方面到底应该投入

多少。对于信息化、创新研发到底如何来确定其预算？低管理成熟度的企业是由情绪与功利心来确定的，高管理成熟度的企业应该怎么样确立这个预算呢？其最科学的数学公式是什么？一般而言，我们个人觉得投资的先决条件首先要建立好防守，所有的投资高手其运作方法都是尽量先保住本金，然后静静等待机会。我们觉得这应该是诺基亚等曾经龙头企业失败的真正原因，这也是采用所谓西方"科学"的职业经理人制度的恶果：无论是人生的赌场还是市场这个赌场，失败的人往往容易把失败的原因归结为运气不好。1956 年，科学家凯利（John Kelly）提出了一个非常有名的数学公式：

$$F^* = (BP-Q) / B$$

F^* ＝应该投资博弈的资金　P＝获胜的概率　Q＝失败的概率　Q＝1－P　B＝赔率

凯利公式曾经是拉斯维加斯的高级赌客必须掌握的技巧之一，这个技巧家族企业可以应用于企业的投资管理中。F^* 我们可以把其当作是每一次家族企业项目管理中心应该批准的内部创新研发的单项预算额。假如家族企业能够把这个数学公式用好，其家族企业投资一定是成功的，绝对不会出现运气不好的情况。就家族企业来说，其投资风险主要在于高杠杆项目，比如酒店、地产等。这些项目由于广泛使用高杠杆，对其进行项目管理时应该以财务管理为主，投资与规划、计划必须要按照数学模型来滚动操作，但凡违反，多年的积累很容易毁于一旦。

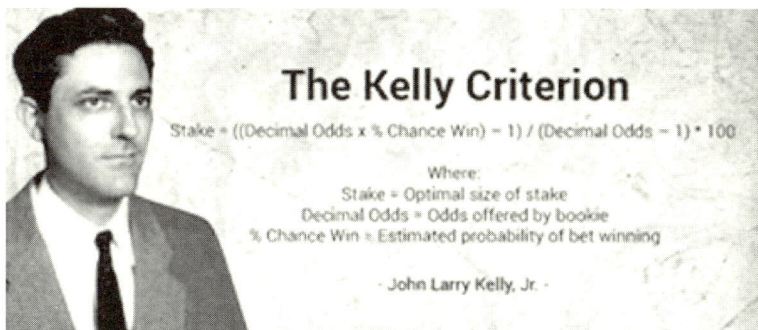

The Kelly Criterion

Stake = ((Decimal Odds x % Chance Win) − 1) / (Decimal Odds − 1) * 100

Where:
Stake = Optimal size of stake
Decimal Odds = Odds offered by bookie
% Chance Win = Estimated probability of bet winning

John Larry Kelly, Jr.

▲凯利公式（也称凯利方程式）是一个用以使特定赌局中拥有正期望值之重复行为长期增长率最大化的公式，由约翰·拉里·凯利于 1956 年在《贝尔系统技术期刊》中发表，可用以计算出每次游戏中应投注的资金比例。

　　企业的并购，是企业战略的一部分，既然冠以"战略"两字，很多人就觉得当出现一个并购标的，就只有一个目的，不惜一切拿下它，殊不知玄学风水的变易之道。当原本是决定性的战略行为，由于采用了不恰当的战略执行方法，所有的初衷都变得面目全非，既可笑又可叹。当一个家族企业打算并购某个并购标的的时候，大多数情况下对于信息的掌握都是处于道听途说的地步。假如一个进行并购战略的负责人，在实施执行的时候，仅仅只做了财务尽职调查，却没有让企业的首席信息官提前介入的话，这种并购的实施最后大多都会成为一个挥之不去的负担，最后不得不又要对自己的所作所为再次进行手术。信息！信息！要全面地掌握一切我们需要的信息，我们的未来是信息的社会。在信息的社会，就不能再像我们解放战争时期整编国民党的军队一样，当兵的穿插，当官的逐步淘汰。秋后算账的方式既不高尚，又为自我的将来埋下了自毁的根。自古以来，一个群体或者组织占有的土地、房屋、珠宝、黄金等这些，都不会是其真正的资产，真正的资产只有人。对于家族企业、并购的企业来说，其企业财务报表上的所有东西都不是最重要的，最重要的仅仅是这个企业的人与企业的品牌。家族企业业务发展须按照鲁德维格定律来进行。树木的生长由于新生的枝条，往往需要一段"休息"时间，供自身生长，而后才能萌发新枝。所以，一株树苗在一段间隔，例如一年以后长出一条新枝；第二年新枝"休息"，老枝依旧萌发；此后，老枝与"休息"过一年的枝同时萌发，当年生的新枝则次年"休息"。这样，一株树木各个年份的枝丫数，便构成斐波那契数列。这个规律，就是生物学上著名的"鲁德维格定律"。东方的智慧，一般都说明了目的，但缺少过程：气备四时，与天地鬼神日月合其德，应该如何达到呢？其方法都在西方的科学知识中。

第五章　家族企业办公室

　　家族企业办公室原来是指用一种专业化的，全方位化的资本定制，对家族成员的财富进行合理规划、整合的方法。它包括法务的管理、税务的管理、财富的管理以及其他日常事务的管理等。不过，这种定义是一种乙方为甲方的定义方法，而非家族企业自身发自内心的自我需求定义。传承是家族企业办公室的最终目标，传承可以涵盖家族财富的传承、家族企业的传承以及家族精神的传承三部分。所以，本书认为家族企业办公室的最核心职能是持续优化。家族企业办公室是整个家族企业在持续优化过程中最重要的组织部门，也是以实现家族治理、家族企业治理、家族传承规划为目的的组织机构。通过设立家族企业办公室，可以实现家族成员之间的制衡与约束，从而确立有效的家族企业传承制度。

　　家庭企业传承制度是以家族治理、家族企业治理、家族信托、家族传承规划为四大基石，通过建立相应的管理成熟度测评筹划团队、企业战略实施筹划团队和财富管理团队，结合家族企业天、地、人三才的整体认知，判定家族企业在不同的历史阶段，相应应该采取的企业管理方法、模型与规则，以充分实现保护、管理与传承的制度。

一、传统家族办公室的类型

　　家族办公室可划分为三种基本类型：单一家族办公室、联合家族办公室与功能性家族办公室。单一家族办公室，是根据美国家族办公室协会出具的《白皮书》而形成的一个由相关领域专家组成的私人公司形式，根据每个家族的需求，单一家族办公室会提供不同的服务。他们一般会提供投资尽职调查、会计实务、风险缓释、家族慈善基金会、资产保护等业务。这是一种以盈利为目的的服务机构。这种类型的家族办公室没有固定的组织结构与标准化管理，估计全球范围内这样的家族办公室企业大约有上千家。

联合家族办公室也是一种以盈利为目的的机构形式，主要是为了帮助甲方家族的利润和财富增值而形成的类型，它一般注重于家族企业的短期效应而不对家族财富的长远利益负责。联合家族办公室最早的形式是为了富豪独家打理钱财而形成的私人银行，其模式最早是由亨利·菲普斯创立的贝西摩信托，它为全球家族企业提供服务，是管理上千客户的联合家族办公室。

功能性家族办公室，是家族企业信息化发展变化的一种方向，是家族企业信息化自身演化而成长的一种模式。它不是一个以盈利为目的的商业机构，而是家族企业本身对于家族信息战略管理方面的一种自发的管理模式。这种模式主要是通过建立各种虚拟团队，根据家族成员、家族、家族企业的需求，将服务的具体内容外包给特定行业的专家或者专业的第三方服务供应商，并由此建立起一种以家族企业本身为基本构架的提供家族财富管理与传承服务的管理模式。在这种模式下企业的信息化单元不从属于公司，而是向董事会负责。当信息化为家族企业管理服务的时候，自然而然形成了虚拟化与相关功能性。

二、家族与家族成员规划

家族成员、家族与企业间的合理规划，归根结底是一种全面信息规划。常规企业的信息化规划主要是为企业运营而设计的，而家族企业的集团信息规划，不但具有物质层面的而且也包含精神方面的意义，即为企业运营服务，包含企业知识管理与文化建设。由于家族企业规划包含了企业内的人员及企业外的家族成员，把影响企业发展变化的所有信息都统一整合为一个信息源，所以家族企业的家族成员的兴趣、爱好、性格、企业家精神、荣誉感，它们都成了家族企业的人力资本信息管理对象。

信息规划是一种采用渐进明细方法进行的方法或者工具，这种方法或者工具可以划分为战略一致性模型、价值链分析模型、战略集合转化法等。战略集合转化法一般分为三个步骤：第一步是阐明家族企业的战略集合，这个集合就是家族企业的使命、目标、战略以及其他企业的属性等。其构造是为了描述出家族企业的各类人员结构，这种结构包含政府代理人、供应商、顾客、贷款人、投机者、竞争者；然后识别每类人员的目标，识别每类人的使命与战略。第二步是进行信息集合，家族企业的信息规划，一定是一种全息的信息规划。不包含政府代理人、供应商、顾客、贷款人、投机者、竞争者的信息规划都是比较可笑的，等同于坐井观天。只有包含了家族企业的全息生存信息的模型，第三步的向家族委员会提交反复进行完善与修改的信息集合报告才具有意义。

家族委员会在进行家族企业信息规划时，假如以前家族企业没有做过系统规划，也可以同时启动企业系统规划法。企业系统规范法，是企业具有改善其信息系统的要求后形成的支持企业发展战略的信息系统规划。信息系统需要表达出企业的各个层次的管理需求，需要家族企业已经形成战略计划层、管理控制层、操作控制层的三层结构。家族委员会启动企业系统规划法的目的也在于规范与清晰这三个层面的界限。企业系统规划法来源于 IBM 公司，是在 20 世纪 70 年代形成并提出的一种方法，目前广泛应用于企业的信息系统规划领域。家族企业采用这种方法，需要首先成立系统规划组（SPG），选择 SPG 的组长，SPG 一般会设置秘书一名，若干调查小组，一个协调组和若干顾问。收集数据与制定计划是他们的工作和职责，他们需要把家族企业的战略计划与管理控制过程、产品与服务的过程、支持性的资源过程，用图表、矩阵的方式完全描述出来。在过程描述出来后，分析与定义每个过程的数据，定义数据的目的就是确立输入与输出的标准，并确认每个数据与标准的优先性与重要层次。SPG 应该建立这些数据的详细资料，包含企业全部管理过程和数据的字典、问题分析表、各种管理矩阵与结论。

战略一致性模型与价值链分析，都是战略集合转化法的输出，战略一致性比较偏重外部，价值链分析则比较偏重内部。对于家族委员会来说，其价值链分析更加偏重家族企业的人力资源，即人性的管理。

家族和谐是家族企业健康发展长盛不衰的重要前提，有很多私人企业，为了企业能够健康发展，往往会限制具有血缘关系的家族成员进入企业，并由此形成了很多很搞笑的企业制度，舍本求末。每当有企业家向我们抱怨企业后继无人的时候，我们总是问他们一个问题，您是否公平地对待每一个人？这些私人企业家们其实都曾经牺牲过与他最亲近的人。企业家成功的背后有一大群信息相关者，但这些信息相关者，由于某种原因被忽略与没有获得正常的回报，这样的企业怎么可能长盛不衰呢？

（一）人力资本测评在家族规划中的应用

人并非是一个具有自由意志的动物，与其他动物差别并不大。绝大部分人并不是完全受自我的意志支配而是受潜意识支配，人能够自己给自己做出决定只是一种错觉。我们大脑在做决定的时候，并没有一个单一的命令中心，决策的过程是在大脑各个区域平行而且分散运作的。我们之所以觉得自己是一个有意识的决策者，是因为大脑中有一个编译器，为结果解释各种原因[1]。也就是说，决定的意识只有到了决定后才能产生，我们真正的决策是某种潜意识的产物。研究人工智能这么多年来，我们终于发现了什么是潜意识，或者说这种潜意识到底是什么。

　　具有不同特质的人，在家族企业中应该具有不同的位置，不能乱。根据八卦五行来说明人的这种先天潜意识趋向，很多人以为神秘，因为不懂所以排斥。以人的行为趋向来说明，只要有一定的文化知识就可以明白。比如企业的监事，这个职位是五行属水的，所以应该尽量选择企业中人格特征为水像的人，上善若水。所谓上善若水，并不代表一个性格趋向为水的人，就能很好地承担这个工作，这还需要自我的修炼。因为水像对于企业市场单元是具有克制特征的，假如自我功力不足，就会伤害整体企业的能量。企业如果选错了五行，或许某个人越是有能力，这个企业就越是多灾多难。

　　在选择企业接班人的时候，利用炎煌人力资本分析来选择确定时，家族企业办公室要注意天时，不同的天时需要不同形式的五行去完成使命。顺应天时比墨守成规要好，墨守成规很容易理想化，实现理想不是直线，而是一种螺旋上升，要注意。家族企业办公室是家族企业的导航员，导航员永远不要去摸方向盘，这就如股市的分析师，永远不要亲自去操盘一样，一旦

---

〔1〕 刘海平编译："The brain-computer duel：Do we have free will"，载 http://www.charite.de/en/service/press_ reports/artikel/detail.

入局，局就变化了，这就是权责分离的真实含义。权责分离的目的并不是要去限制权力，虽然这是其结果，但不是目的。对于企业接班人的选择，我们建议选择提升性思维而不要选择固定型思维的人格。关于什么是领导力，玄学上的描述我们觉得比正规大学的说明更容易让人明白与去努力。玄学说所谓领导力，就是当所有人都倒下的时候，还有一个人挣扎着站起，这个人就是具有领导力的人，这是人内心的力量，而这种力量不是每个人都有的，是需要被自我激发与诱导的。[1]具有潜力的人，只有赋予其一定的权利，其力量才能被组织感受到。不要害怕那些具有内心力量的人，帮助他们其实就是帮助自己，帮助整个组织渡过难关。人天生就会对能量比自己强大的人感觉到害怕，恐惧有时会让我们做一些蠢事，要理解时间其实就是理解空间，它们是一体化的，我们每个个体仅仅是时间或者空间中的一部分而已。

家族办公室在利用人力资本测评模型进行家规的制度文件设计时，要注意制度的设计以引导为主，限制为辅，要充分理解这个原则。比如：一个风水师看家族是否兴旺，主要是看家族成员间是否是相互欣赏与相互支持，因为这种状态就是人类的朋友状态。任何家庭，只要他们内部具有这样的"气"，这个家庭一般都是和谐的，风水先生就认为它是幸福的婚姻。家族企业是完全一样的，千万莫去学帝王之术，那是刚好相反的管理模型。这个世界上有很多糟糕的婚姻与家庭，人们在其中其实就是在受苦，人之所以一直承受下去而不做改变，是其没有

---

〔1〕 人与人之所以不一样，主要是因为不同的大脑对于信息的反馈不同，有一部分人是固定思维模式，当大脑接收到与其认知不一样的信息时，其大脑首先会抵制；而有一部分人则会在其大脑中产生类似"有点意思"这样的信息，于是会去思考它。这种行为趋向完全不受个人理智或者知识影响，完全是 DNA 趋向，与大脑神经回路有相关性。

条件与能力改变，每个人的命运，靠他自己是无法改变的，需要外力。当形成家族时，家族是一个组织，而组织是具有改变单独个人命运的力量的。所以家族的家规，可以去刻意鼓励幸福家庭的建立，而对不能建立幸福家庭的家族成员进行某种限制。当形成这样的引导时，一般来说比刻意去要求家族成员要怎么样做要好得多。有些人内心有孽缘，潜意识需要去受苦，那么就让他们去受苦好了，没有必要发展到哀其不争，摇头晃脑的地步，自己给自己找事。所以，家族企业的制度设计，要努力以不要为自己添乱为根本，制度的设计是为了锦上添花。一个组织，需要用中老年人的哲学思想来武装自己，而不要用荷尔蒙分泌激烈的青春期哲学。"与人斗其乐无穷，与天斗其乐无穷"，实际上都是自己给自己添乱，好让自己的青春波澜壮阔一点罢了。根据炎煌人力资本演变出来的家族企业管理方法论，是一种面向对象的管理法。所谓的面向对象管理，是说集团的管理要像一个睿智的老人，而对于下属的子公司的管理，则活泼摇滚，要鼓励"捣乱"，家族企业从集团到各业务单元要层次分明，各有各的颜色。

善于发现人特征与潜力的人力资本工作者，会很容易看到人身上超越他人的特质，有三点需要提醒大家：（1）在我们生活的世界上，生存能力强、家族庞大的动物，往往都不挑食。（2）一个人之所以生病，实际上在大多数情况下，都是因为其内部的生态平衡系统出现了问题，生病的人体内的微生物的多样性被破坏了，世界的多态性是家族企业一定要予以保护与值得保护的。（3）在家族办公室中，应用人力资本，乃人之全息模型，与单纯在企业中使用有些不同：在企业中使用，需要片面性，既用其长又避其短；在家族中使用时，要切记人有所长，必有所短，人的每一个优点都会有与之对应的缺点。莫贪功利，贪必迷失。

家族办公室管理的范围，不仅仅是家族企业的人员；就一个家族来说，也不应该所有的人员都为企业服务。家族办公室管理的人力资源范围，最好能把所有的人员都纳入进去，这样做有一个好处——那就是所有被纳入的人员，都能享用家族的养老与救济基金。

（二）价值观规划

价值观的形成是一种长期的岁月积淀过程，通常家族企业重要成员的个人价值观会慢慢为其他家族成员所接受、理解并践行。重要人员的个人价值观与家族价值观会渗透到企业的文化中，并逐渐形成企业文化与家族价值观的融合。在这个过程中，个人价值观、家族价值观、企业文化三者间会不断地调整与转化。

家族办公室的具体工作，不是为了建立文化而建立文化，但凡是采用洗脑的形式鼓吹出来的东西，就算是好东西，一般也不会有好结果。从人的行为学和物理学来看，凡是具有压力的灌输，一定会具有相等的作用力与反作用力。故家族办公室的日常工作，就是家族企业的持续优化，包含家族成员的职业规划、家族内部各个成员间的持股政策、家族内部各个成员在企业的雇佣政策、薪酬政策等。实际上，当具有这样的规范工作后，家族企业的价值观与企业文化自然就会以血浓于水的形式显现出来了。当这样的价值观不断被强化，家族成员、家族、家族企业不同诉求之间的矛盾与冲突也就会自然地得到化解，这就是中华民族医学中"良医治未病"之法。家族企业的价值观与文化思想，不需要人们能够准确地描述出来，因为每个家族成员也许自身说不出来，但他们的内心却能无时无刻地感觉到。另外，当家族企业壮大后，家族成员越来越多，难免有不肖之徒。家族企业切记不要搞连带与牵连，任何年满 18 岁的成年人皆具有独立之人格，若其有违国法家规，皆乃个人之事情，无需他人代过。

个人价值观是具有象限的，犹如人类的知识，每种人都有最符合他们的价值观与知识构架。比如艮巽的人，常常会走错路。对于人类来说，对于这种错误只有两种应对方式：一种是生气埋怨，一种是静静地欣赏原本没有预计的路上的风景。其中，后一种最适合艮巽之人。而对于艮震之人，学会尽量不要犯错误是最好的。八卦象限的每个趋向都具有这样的能量级别的不同，追求自我象限的高级别是人生的价值之一。艮巽之簇，可靠读书改变气质；艮震容易苛刻，但之所以讨人嫌却并不是因为它，讨人嫌在于骄。家败在于奢，勤俭两字，乃炎黄民族是世界第一大民族之密码。

中国人官气重，所以难以容纳异见，而难于容纳，则无创造与创新的能力，只能进行资源抢夺。所以，家族企业的中央研究机构千万不要设立在集团层面，而是要独立出来，要用子单元模式进行管理，非此创新与创造皆为空话，徒养劣子尔。家族的人力资源规划，是比较容易走向误区的，犹如常规的中国家庭对于自己子女的教育。其价值观培养，可参考玄学论述：比如玄学师观帝王，走到其门口就可断定未来，曰"门丁仆人有将相之面，此为帝王也"。观家族企业接班人，在一群年轻人中，开法拉利的那位，一定不是接班人：只有在家族中的边缘人员，才会有这样的行为趋向，因为其内心感觉到了在家族中的边缘化，所以才会这样炫耀，从而方便结交社会名流。心外向而不用乾，是人内心对于自我的真实认定的反映，越是具有能量的，越是不需要通过外界的力量来表达自己。真正能够成功并且能够保家卫国的人，看看其结交的师友是何人，就基本上知道其八卦元素能量的高低了。把持续优化当作家族办公室的主要工作，就可以完全避免我们传统文化所导致的官文化影响。

就事物变化而言，其需求不同，其过程就会不同。对于工作来说，任何工作既可以做得很粗，也可以做得很细。在企业野蛮的发展期间，一切以结果为导向，所以过程越简单其效率越高；而到了家族企业的稳定期，前期的这种粗犷做法就会带来大量不必要的麻烦。而家族办公室作为企业的常设持续优化机构，并不会参与企业的日常管理工作，正好是一个值得信赖的第三方。家族企业每年提供一部分预算给家族办公室，其实是它本应付给其他第三方的服务费。

（三）家族委员会

进入到稳定发展的家族企业，可以考虑设立家族委员会，让企业的信息情报部门从家族管理的日常事务中脱离出来。当一个企业的部门成为家族的核心环节后，应该减少其能够实施影响的范围，成立家族委员会是替代功能性家族办公室的好方法。但凡是组织，成就其组织大功的人或者机构，都会具有生命周期，事业成功之时，应该就是他们功成身退的时刻。只有拥有这样良好价值观的家族才会是一个不断健康发展的家族。反之，家族成员的增加，如果缺乏切实有效的治理，家族就会产生潜在的灾难。构建所有家族成员共同理解，并能接受的家族行为准则，是预防和解决家族冲突的柔性保障。家族企业要想使企业管理成熟度达到五级，其委员会是必须建立的。建立委员会的目的与使命，是使企业管理平台逐渐向"权责分离"发展。权责分离是企业管理成熟度达到五级的标准特征。

欧尚集团的穆里叶家族是法国最大的体育用品超市迪卡侬、世界第四、欧洲第二的建材集团乐华梅兰等二十多家集团的控股家族。一百多年来，穆里叶家族一直人丁兴旺，整个家族传到第四代，有 800 名继承人。与其他家族企业经常会爆发的家族战争不同，这个家族非常和谐，其制度化的家族治理机制保证了他们庞大的商业帝国可以运作得井然有序，穆里叶家族设有家族协会、家族协会顾问委员会、家族控股公司与家族股权投资公司四个成熟的机构。[1]

◀欧尚商店于 1961 年在法国诞生，它在经营中首次将"自选、廉价、服务"三者融为一体，由此，欧尚成为世界超市经营先驱者之一。目前，作为世界著名大型超市经营者，欧尚已发展成为年营业额 281 亿欧元，在世界上 14 个国家拥有 241 个大型超市，548 家超市，600 家门例店，员工超过 135 000 人的集团，大型跨国商业集团，也是世界 500 强企业之一。

家族委员会是根据"家族宪法"来运作的。一般而言，家族宪法应该包含如下几个方面：

- 前言
- 定义
- 使命宣言
- 家族核心价值
- 行为准则
- 家族委员会与董事会的双重规划
- 股利的分配

[1]　赵国瑞："法国式的家族宪法"，载《英才》2012 年第 10 期。

- 家族成员雇佣
- 继承人培养及其选择
- 家族成员退出流程
- 冲突调解
- 制裁[1]
- 企业贡献基金

　　家族宪法的设定，不是为了保住家族企业创始人直系血缘的继承者对家族企业的管理权，而是为了让最合适的人来对家族企业进行管理，保护整个家族的利益。根据人力资本分析测评的模型，我们可以知道这个世界上每个人都有其独特的天赋，不同的天赋适合做不同的事情，不是所有的人都适合做管理者。让最合适的人去做管理，同时又充分保障家族成员的基本权益，定义与区分家族企业不同人员的责任与权力，冲突与调节是家族宪法的根本。家族企业不是完全由血缘关系而确定的组织，家族委员会同样如此。拥有共同的目标，具有相同的利益，优胜劣汰却旗帜鲜明，"我们"的利益比"我"大，保底不保顶。采用生态平衡圈的家族企业，家族委员会是非常重要的机构，由于家族企业内部具有上下游概念，作为下游的企业，会实际上成为上游企业的支持者。但当一个家族企业越来越庞大的时候，就会出现下游企业不能满足上游企业的情况，这个时候上游企业是可以不选择同一家族的企业作为自己的供应商的。在实践中，我们虽然强调遵循优胜劣汰的原则，但有些时候是很难完全做到的：比如家族企业的其中一个专业集团的某专业公司正在孵育期，它肯定不如市场上的其他优秀供应者。这个时

---

　　[1] 制裁之节为绝密，非公开。由当事人自己确定，家族办公室记录为准，故绝密，只有在单独事件进行处理时，才公开。

候专业集团间的领导与领导就会协商，往往会让下属子公司接受并不完美的服务，时间久了就会产生恶性循环。我们觉得，作为生态产业圈中的企业，一般会属于不同的专业集团。在家族生态产业圈建立的初期，我们需要宽容，但应该具有严格的约定与约束，企业内部之间需要商业化。一旦生态产业链形成，如果甲公司因为种种原因没有选择乙公司，不要去走领导间的人情路线，而是应该法制化。当一个家族的创始人都出来为某个子公司的业务说情，专业集团的领导者又怎么能拒绝呢？我们应该在家族企业内部尽量减少这种私人化的事件。乙公司觉得甲公司小题大做，那么它就可以向家族委员会进行投诉，让组织用专业方法来处理家族企业内部的矛盾，而不要去使用私人间的关系，这些问题的解决方法要在家族，宪法中描述出来。

在家族企业宪法中，最重要的是企业贡献基金的立法描述。由于家族企业贡献基金是一个具有公用密钥与私有密钥的数字码，任何拥有这个密码的人在家族企业的金融中心都可以随时兑换各种政府货币，这需要家族企业以家族宪法的形式确立出来。这样家族企业的贡献基金就从一个计算机数字变成了一种等价交换物。这种等价交换物可以追溯到特定的全面项目管理工作，而且它只是对于企业财物具有重大影响的行为，所以其价值比政府发行的纸币要更加科学，可追溯且不会通货膨胀。随着家族企业的不断扩大，其贡献基金的点数价值就会自然地获得增值，从这方面看其比传统的黄金更加方便。所以家族企业的"宪法"中应该确立一种算法，或以上市公司的股价市值来联系贡献基金的点价值波动，或以某种加权算法股指来对家族企业贡献基金点数进行绑定。因为只有这样才能使家族企业的员工更加愿意持有这种家族企业自我创造的等价交换物，从而保证家族企业的百年不衰。

　　纵观我们大多数人的人生，很像中国人的饭局，刚开始时豪情万丈，酒过三巡，人就开始疲软，最后也就乱糟糟地散了。我们绝大部分人的人生，都是千疮百孔，这是生活的本来面目。有很多企业在社会上取得一定的成功后，便很自然地开始神化自己的创造者，把自己的创造者想象成刀枪不入的钢铁侠。实际上我们每个人都有软弱的时候，没有人能够刀枪不入。企业的领导者如果接受了别人对他的看法，他就会越来越疲软，因为当他痛苦的时候，没有人能缓解他的痛苦，他所遇见的必然都是求他帮忙的，拖累他的。坚强必定具有象限，无人能无限提升。这个时候就需要用社会管理的方法来实现企业之管理，这就是我们一直建议家族企业建立金融中心的初衷。就我们之理想，我们非常希望这些管理者，在企业达到一定规模后，其内心的目标就不再是要把企业价值从 10 亿变成 100 亿。我们认为这已经不是企业创始者应该主要考虑的事情了，这种事情应该是企业的后来者应该做的。我们觉得在这个时候，一个家族企业的创始人应该花更多的时间去考虑人生的意义，自我的存在意义。如果我们想清楚了这些，那么接下来的事情必然是家族的和睦，家人与家人之间的互帮互助，一个相对公平完善的企业管理平台就是他们余生应该去完成与挑战的。人是具有天赋的，一个好的管理者应该顺天而为。

　　采用生态平衡圈的集团管控模式，一定会有的公司做得好，有的公司做得不好，其根本原因在于其三才的配置。世界上所有的事物变化都是根据三才来确定的，三才的配置有些时候只能随缘，虽然我们知道原理，却很难强求它。原本属于不同专业集团的上下游企业，如果下游企业管理得不好，那么上游企业就可以去兼并它。这些行为会导致企业公司与公司之间的股权与利益变化，会有受益者也一定会有失落者。从人性的角度，从人的行为学上看，把企业做烂掉的人，往往也是最有情绪的人。家族企业必须对这些事件法制化与提前定义化，莫搞家长制，家长制度是一种原始而且落后的人类组织管理方式。所谓法制化，就是说能让组织完成的事件，就尽量让组织去完成。当然，私人之间的干预是无法避免的，这并不是坏事情，因为总有组织不能很好地处理的情况。

委员会的存在目的，不是为了家族企业的分权，仅仅在于仲裁。但凡是组织管理，只能集权，不能分权〔1〕。因为每个人都有其独特的见识，船长与舵手只能唯一，整个家族企业必须自始至终严格执行这样的设计。家族委员会不能具有任何家族企业的管理权，要恪守规则。家族委员会可以去承担家族后代的培养，参与社会性活动，在家族企业需要的时候，参与事件的仲裁，但不能直接执行仲裁的实施。

（四）控制权安排

家族委员会有一个非常重要的工作，就是家族企业控制权安排。家族企业控制权安排的核心任务就是避免企业控制权争夺，实现控制权代际传承。对于家族企业办公室的这个工作，我们建议如下，仅供参考：

（1）家族企业的产生，一定是具有不同血缘的亲戚朋友造就的。所以，当家族企业成熟的时候，家族企业应该为自己取一个名字，比如这个字为"赢"，所有家族企业的创始者都可以享用这个名。对于其下一代，建议在出生的时候，在满月之时，取一个以赢为名的姓名，以代表其是家族的一分子。

---

〔1〕　对于企业管理到底应该集权还是分权，这个问题的答案在于领导者的个人气运、社会意识形态、人种的不同状态。就具体的实际管理来说，战术层面的管理分权处置，中层模块网络浪花化，建立紧密协同的组织机构与采用相对应的方法论。战略层面集权管理，采用效率优先的组织结构与对应的管理方法论，其实就是本书的中心思想。

（2）家族企业控制权，也就是说今后家族企业控制管理权人的产生，都需要在嬴姓中产生。家族企业的所有权与控制管理权是可以分开的，以防止刚开始传承时，占有最大股份的小家成员由于能力与志向原因，没有担当家族企业的控制管理人的情况出现。

（3）由于家族企业的宪法是以家族不断的发展与壮大为目的的，所以企业的增值资产所奖励的部分会慢慢弥补实际控制人的股权，企业的发展之道是良性的。占有资源抢蛋糕不如把蛋糕做大十倍百倍，就数学模式来说，这是有利于所有人的方法 。

（4）对家族企业有巨大功劳的后来者，都可以拥有这个名的使用权，同时享受同样的无差别待遇。如果家族企业的原始创始人能这样安排企业的控制权，那么就相当于企业的创始者交给下一代的是一个平台，一个所有有能力、有理想、有抱负人的一个平台。万事开头难，创始者把最难的原始积累做完了，完成了使命的10%，而后来的90%需要后人去完成。

（5）家族企业今后可能的控制管理者，应该从小就被小家庭培养，而这个培养的方向，必然非常适合今后家族企业的需求，人才欠缺问题一定会得到解决。企业的核心是什么？一定是人，而人才是可遇而不可求的，与其去盼望，不如自我产生与源源不断地生产。传承一定是代际传承，人类历史上之所以没有延续尧舜之传，而是产生帝王传承，是有深刻的社会学原理的，它是一种由先祖血与苦难的实践创造出来的规则。虽然从目前的智力来看，尧舜之传好像是符合理想的，好像也是符合逻辑的，但这样的判断与认知是一种忽略人类天性的看法。帝王传承是奴隶制的衍生，这种行为还会在人类社会活动中继续发挥影响。根据易经模型，当绝大部分人不再从恶而一心向善的时候，自然就转向了。目前，至少我们从人心的大数据分析来看，从生活窘迫过来的人，一旦摆脱困境，就会成为人道主义，而有些人会变得冷漠从而形成个人主义，后一种现在还是主流。

（6）要让家族企业造福于家族与社会，就必须要尽量保证家族企业的精神能够保持与传承下去，财富并不重要，因为那只是某种债务，要让家族企业的控制权落实在承担债务、能够载物的人身上。

（7）人只是一个机器，机器一定有耗损的时候，无人能避免。生命最后一定会走向死亡。在组织中，我们常会觉得年轻的一代不能有效地接班，然后不得不重新依赖老人。一个家族企业不能由年轻人接班，是家族委员会的严重失职，是家族企业管理者的严重失职。当一个人开始衰竭的时候，无论他曾经多么优秀，目前多么能干，他都必须放下。在自己还没有经常犯糊涂的时候，让年轻的一代接管未来，是家族企业管理者最后的使命，这也是为什么家族企业需要代际传递的核心原因。

（五）管理审计

家族企业需要不断提升自我的管理成熟水平，最有效的方法就是过程管理域管理模型的建立。我们通过这种管理模型，已经知道依靠个人能力进行管理的企业，是企业管理能力的第一级，也就是初始级。目前大部分国内的家族企业都在一、二级的水平，如果不去提升，这些企业必定很快就会在这个世界上消失无踪。当家族企业建立起家族委员会这样的机构后，应该已经达到管理能力成熟度三级以上。对于达到管理成熟度三级的企业，其审计行为一定不是对结果进行审计，而是对过程进行审计。[1]

---

〔1〕 由于企业的信息化扮演着企业发展过程制度化的角色，所以在第三级管理水平中，其管理审计可以并入 IT 审计范围。本模型最初来自美国国防部的一种设想，目前是国际通行的企业管理成熟度标准。国内企业常喜欢标榜自己的狼文化或者军事化管理，其实大部分都是农民起义军的内容，强调服从与不怕死，以为不断打鸡血与洗脑就是军事化管理。而真正的军事化管理原型，就是这个管理能力成熟度模型。

由于家族企业是集团管理模式，所以不可能每家公司都能保证一样的管理能力，所以家族企业的管理审计可以按照如下过程域进行：

第2级已管理级7个过程域	需求管理	Requirements Management	工程
	项目规划	Project Planning	项目管理
	项目监控	Project Monitoring and Control	项目管理
	供应商协议管理	Supplier Agreement Management	项目管理
	度量分析	Measurement and Analysis	支持
	过程和产品质量保证	Process and Product Quality Assurance	支持
	配置管理	Configuration Management	支持
第3级已定义级11个过程域	需求开发	Requirements Development	工程
	技术方案	Technical Solution	工程
	产品集成	Product Integration	工程
	验证	Verification	工程
	确认	Validation	工程
	组织过程焦点	Organizational Process Focus	过程管理
	组织过程定义	Organizational Process Definition	过程管理
	组织培训	Organizational Training	过程管理
	集成化项目管理	Integrated Project Management	项目管理

续表

	风险管理	Risk Management	项目管理
	决策分析与解决方案	Decision Analysis and Resolution	支持
第4级量化管理级2个过程域	组织过程绩效	Organizational Process Performance	过程管理
	定量项目管理	Quantitative Project Management	项目管理
第5级优化级2个过程域	组织革新与推广	Organizational Innovation and Deployment	过程管理
	原因分析与解决方案	Causal Analysis and Resolution	支持

　　每个企业的过程域管理，一定是一个持续优化的过程，既然需要持续优化，就需要建立一个EPG（过程改进小组）。由于家族办公室是独立于家族企业的机构，所以由家族办公室来主导家族企业日常管理的过程域改进是非常恰当的。EPG小组类似战争期间的参谋部，EPG做沙盘，可以有效地总结实践中的反馈信息，从而达到修改与优化企业管理过程域的目的。比如前面我们举例说某家族企业进军新能源项目，观察项目组织在其过程中的表现与结果，假想如果采用另外一种方式来进行，其项目发展的表现与结果会怎么样？这就是沙盘演练。当家族企业同类项目管理的数量越来越多，其管理数据的分析与反馈，都会不断地自动优化管理过程域，由此形成企业的知识资产，这就是家族企业进行管理审计的目的。

三、家族信托

　　信托是一种将财产的所有权与收益权分离的形式。在信托构架中，委托人需要将信托财产的所有权转移给受托人，由受益人享受信托财产的受益权。一般家族信托的设计构架，家族企业的股权作为信托资产被锁定在信托框架中，家族成员只能作为受益人享有信托收益。之所以会产生这样的金融产品，其原因在于：第一锁紧股权的需要。家族创始人不希望自己的股权被分散，从而影响对整个家族企业的控制。第二，这是对于税收的一种筹划。由于信托进行了财产所有权的转移，所以对于委托人进行财富的征税就没有任何依据了。第三，信托具有很强的私密性。在信托合同中，除了委托人与受托人，没有第三人知道信托财产是多少，各个收益人的情况是什么，这种私密性是很多家族与家族企业选择这种产品的原因。第四，信托财产可以避免委托人受债权人的追偿，可以避免婚姻财产申索等。第五，我们生活在这个世界上，最难的事情不是控制自我，克己复礼，而是他人看不惯你做好人，享受幸福。作恶一定会有恶报，行善却不一定会有善报，在追求破坏力不追求创造力的环境下，总是会有大量的人去选择作恶而不会选择从善。一个家族企业如果做大了，自然就有大量的恶人想靠近你以期谋求自己的好处，假如不去委曲求全，恶人就会不断找你的麻烦，白的可能变成黑的，黑的可能成为白的。面对这种风险如果不高瞻远瞩，用体系化的方法去化解，这个家族企业迟早会后悔莫及。

（一）境外信托的构架

信托的核心是一种保护机制，防止未来的某种可能性。信托成立的保障是法律体系，司法的独立。如果把信托建立在一个没有这些条件的环境中，其信托的目的相应也就很难达到了。前面我们已经讨论了炎煌人力资本分析，我们已经大约知道人类社会的人与人是有所不同的。就人的大脑神经系统组成来看，东方人的神经系统，对于事物的背景更为敏感，而西方人对于事物的细节更为敏感。所以就信托执行人来说，由东方人进行规划，而由西方人予以执行是最佳的一种搭配。

一般的信托结构是委托人、受托人与受益人。家族成员作为委托人，享有如下的权利：决定信托财产的管理方法，决定受益人名单，受益权的分配。目前，想要建立家族企业的国内企业家一般都是中国国籍。而中国国籍受到外汇管制的限制，很难进行资产的全球化配置。但一般企业家的子女可以是国外的移民，所以在合法的前提下，企业家可以利用子女的身份进行一定跨境资产配置。

首先，可以在英属维尔京设立一个家族信托，委托人是家族企业的成员，受托人是信托公司，受益人是成员的子女。这种方式是自己成立信托的方式，信托公司属于家族企业的一部分。这种方式可以将不同的财产装入不同的信托中。李嘉诚曾经设立过两个这样的公司：UT 与 TUT，采用两层结构，TUT 信托控制 UT 信托，以受托人的身份控制者其他公司，TUT 及其控制的其他公司共同持有长江实业的 936 462 744 股。这种结构让李嘉诚的 2900 亿的分家通过一步股权转让就可以完成，而且这种转让不会对其他信托中的资产产生影响[1]。

（二）财产协议

单纯意义上的财富是无法传承的或者说是没有任何意义的，能够传承的只有精神。假如家族企业的创始人，仅仅传承了子女后代享受生活的方便性，其实这种传承赋予他们的不是福气而是灾害。一个人对于社会财富的代管，是具有时间效应的，拥有多少社会资源，就具有了多少对于社会的责任，因此家族

---

[1] 《李嘉诚家族信托的玄机》。

企业传承的是一种负债。没有人能够真正占有财富，人都是赤裸裸地来又赤裸裸地去，带不走任何东西。假如不愿意做"金鱼"的企业家，搞了一套让子女成为"金鱼"的体系，这是企业家对于整个家族血脉的毁害。

财产协议是实现家族、家族企业保护管理和传承的有力手段。由于精神是无法强制要求的，所以家族成员在社会中生活的时候，往往会遇到不同认知的夫妻、亲属，在法律意义上有些时候认知不同会伤害整个家族企业的精神。比如企业创始人老年时，为弥补一些年轻时的缺憾，找了一个30岁的模特做老婆，这种行为是无可厚非的，是人性的自然反应。缺乏苦难教育的子女，从小就生活在被他人迁就的环境中，所认识的群体都是想获得好处的人员，难有真正帮助他们的人，这也是自然生化之道。作为家族企业办公室的规划，是不能以道德来定义人的行为的，我们不能控制他人对于事情与事物的认知与态度，但我们可以控制当发生某些事件后，最应该选择的处理方法。对于前一种情况，由于法律一般都规定了夫妻共同拥有家庭财产，所以常常会出现没有对整个家族产生重要功劳的人，获得家族的控制成果的情况。我们不能改变法律，所以我们就用法律去弥补法律的漏洞。

自古以来，宫廷祸端与人性阴恶的产生，都是因为制度与体系充分保障了实际控制人的个人意愿安排，于是新宠与旧欢就会产生利益上的矛盾，于是恶生生不息。家族企业的财产协议，应该是一个体系，是建立在谁对于家族企业产生功劳就可以获得相应资源代管权原则上的机制；不反对任何新欢，但需要建立起一种通路，让后来的人具有上升的通道。其表面上是对企业实际控制人自我意愿的一种约束，实际上是充分保障了企业实际控制人的自我意愿的实况。因为任何人，总有衰落的时候，人不过是一个机器，机器会磨损老化，人对于自然的理智的认知会随时间的变化逐渐削弱。企业创始人在还精明强干的时候，为以后自己智力退化的时候设定一些规则，既可以保护自己也可以保护他所奋斗一生的东西。

（三）家族慈善基金会

企业是一种社会性活动的产物，所以其具有所有社会性的特质。对于家族企业来说，应该建立家族慈善基金与养老基金。这个机构是属于一股独大的核心创始人的机构单元，而不是属于整个家族的。基金会的从业人员只为家族核心人员或者唯一的后代负责。公司是以盈利为目的的机构，而企业不是，企业从诞生的那一刻起，其实就是整个家族需要花费几代人精力去打造、完善的社会性组织，企业是家族的生存之本。

我国大陆地区在这方面的法律还不健全，企业如果要建立慈善基金需要缴纳高额的税金。就目前而言，家族慈善基金的建立应该参考信托的资本操作方法，外资化是一种不得已的选择。对于企业家来说，不要怕麻烦，人的一生既短暂又漫长。人生原本没有意义，是因为人对于自我的定义，所以人生才具有了意义。人与万物皆有联系，在一体化的世界里，我们活着并不仅仅是为了自己，更是为了下一代，为了未来更美好。

慈善与施舍是有区别的，慈善是组织的行为，而施舍是个人的行为。所以家族的慈善基金是不能用来做施舍的事情的，比如某地很穷，有人要募捐去施舍他们，家族成员也很想这样做，但只能个人捐款进行，不能动用基金。慈善与施舍在表现形式上有什么不同呢？这很像中国人与法国人到非洲去拯救灾民，中国人开着汽车到了非洲，然后就大叫：快来呀，有吃有穿的来啦，快来领呀。而法国人开着汽车到了非洲，给非洲人说，我需要你的帮助，能不能帮我把车上的东西搬下来，作为回报，你可以任意选择其中的一些东西。

真正的慈善是帮助别人建立未来，而施舍是"我想故我为"。一个基于他人为中心，一个是基于自我。家族慈善基金只能做帮助别人建立未来的事情，而不能去促使他人依赖你，把你当作神，培养他人的不劳而获思想。慈善的目的是为了放手，而非唯你是从。

家族养老基金，目前中国企业中还没有。在社会的养老体系还不健全的情况下，家族企业应该去弥补它。我们赞同家族企业一股独大的方式，这一股独大并不仅仅保障核心创始人的利益，而且是为整个家族服务。一个为家族服务了30年的中层干部，他61岁时死亡了，对于家族养老基金，只要他享有额度，那么这个员工的后代或者直系亲属就可以继续享用这个额度。

善良的本质是一种软弱，所以人若善必被欺，但是"人善人欺天不欺"。财为水，润下为实，攻上为狂。人类，因为柔软的心灵而生存下来，人道、天道、地道，各自不虚。家族办公室最基本的职责，不是谋图企业的发展，而是建立家族的教养机制。所谓教养，就是不要对亲近的人乱发脾气，中国家族传承若能体味此言，家族必定兴盛也。

———■参考书籍

1. 谢玲丽等：《家族办公室》，广东人民出版社 2013 年版。

2. ［美］哈罗德·詹姆斯：《家族企业》，暴永宁译，读书·生活·新知三联书店 2008 年版。

3. ［美］詹姆斯·E. 休斯：《家族财富传承》，东方出版社 2013 年版。

4. ［美］马歇尔·B. 波斯纳：《打造新一代继承人——家族公司持续经营指南》，郭武文等译，中国财政经济出版社 2004 年版。

5. ［美］瑞夫·劳森编：《管理会计师协会教学案例》，杨继良译，经济科学出版社 2012 年版。

━问答与观点

1. 家族企业二代为什么常常表现软弱？

乾人，先理解而后行动之人，人类之所以不断地进化与发展，皆与乾人的创新与创造能力有关。因为先理解而后行动，所以行动力看起来不高，常常有批判性思维，在社会中常为怪人。因为不盲目入群，不盲目跟从，所以勇敢力较弱，乾人乃大勇而不能小勇。由于乾人依赖于知识，所以当知识不够的时候，反而容易茫然、忧郁与愤懑，在追求强权的破坏性阶段，自卑于自己的敏感与艺术。一般家族企业的第二代很容易成为具有忧郁特质的人的原因就在于此，这是一个必然的过程。随着知识的通泰，乾人会成为一个坚定的信仰主义者，成为家族企业的栋梁。古往今来，但凡改变历史与世界的人，都是这种小时候看起来像个窝囊废的人实现的。乾人的人生有着明显的分界线，犹如凤凰与蝴蝶，在烈火中脱胎换骨，在安静的地方破茧而出，所培养的能力仅仅只有一个，那就是"缓行急战"。缓行培养的是自我的智慧与条理，而急战是自我综合素质的体现，家族企业亦然。

要能急战，必须要先了解态势，家族企业管理是人类社会管理的一个枝节，其管理方法论必然符合社会管理学。对于处在上市公司单元阶段的家族企业来说，是比较适合"共和党"思维方式的。家族企业精神的核心就是人自我对于这个世界的认知、世界观与人生观决定了企业管理方法论的选择。"帝王之术"是最原始的生命程序，是生命最底层的程序，它是伟大的，是生命最基本的程序也是生命最早阶段的程序。作为一个组织，如果采用这样的方式，一直不肯放弃的话，那么这种程序就会成为组织的绊脚石。正如一个官僚组织一样，它必然具有淘汰优秀而留下平庸的特征。同时，这种程序是单个生命的程序，而不是一个生命体的程序，生命体的程序才是真正的组织程序。《易经》是古老的，它是中华民族哲学的根，但这种哲学思想或者组织管理方法论，一直到华盛顿的出现，才重新在人类的发展进化过程中完美地体现出来，华盛顿所代表的现代管理思想，是中华民族龙文化的真实写照，这是人类进化新时代的重新开始。乾：元，亨，利，贞，是也。

我们所生存的大自然，有一种程序——一种生态平衡圈的程序——这种程序保护生态的多样性，限制任何一种失去控制的情况发生，当一件事物，强大到可以为所欲为的时候，这种程序就会启动某种机制，其内部就会相互斗争，相互绞杀。所以家族企业管理不能追求最高、最强，而是要不断建立生态平衡圈，企业内部的平衡圈，企业所在社区的平衡圈乃至整个社会的平衡圈。家族企业在发展起来后要甘于做绿叶，做供应链，源源不断地创造出地区的产业、一些不完全受你控制的企业。正如我们一直所强调的，企业的内部管理精髓不是要让企业多么规范，而是要让企业保持活力一样，这就是中华民族的易经精神。

2. 本书所列的观点有具体的成功案例吗？

没有。本书的观点起源于二十多年前，所以遇见可以表达观点的对象，都不计后果地表达了一些。不过没有缘分，受影响的人总不是自己心中所想的那位。不过这些观点很明显改变了一些人的想法。这是一个火种，在合适的时候它就会熊熊燃烧。一般而言，领导同志让你能接近他，主要是因为他内心的某种欲望，他希望你能帮他实现这种欲望。机会主义市场条件下的领导同志，其欲望一般都是希望你能帮他去抢钱，他怎么可能去听你谈论抢了钱过后怎么样花呢？自古以来，著书立说者皆如此。

没有做过的事情，可以做计算机模拟，还没有开始的战争，可以进行沙盘推导。史学家评价王翦，说他虽然为嬴政建立了功劳，却没有辅佐君王治理天下。不是我们的祖先不想，而是不能，不能并非是自我不能，而是天象。要实施平台式的家族企业改造，个人觉得有如下几个重点：

（1）企业需要在具有足够的现金流的时候开始改造，一般来说，企业有一部分刚上市，正好有大量现金之时，应该是时机之一。

（2）中国人的人生相对来说比其他种族要苦，其原因在于中国人的文化是"麻将文化"，这种文化是以压抑与欺负他人为乐的文化。而平台式企业是"桥牌文化"，这是一种协作文化。在文化上家族企业的核心人员是需要达成一致的，如果在文化上不能和谐，今后也难以昌盛。

（3）不要立刻去建立完整的生态圈，生态圈是一个非常脆弱的体系，其平衡很容易被破坏而难于把握，要耐心与持之以恒。

3. 家族企业与战略投资者的关系是爱情关系吗？

由于资本市场的原因，战略投资者成为家族企业的股东，但它们却不是家族企业的一分子。这种关系并不是爱情关系，人类爱情关系的算法是甲喜欢乙，乙喜欢丙，丙喜欢丁，而丁喜欢甲，所以家族企业与战略投资者的关系不会是爱情关系。

也许可以把其当作情人关系，各取所需，战略投资者的目的与家族企业的目的是不一样的。

4. 关于批判型思维

家族企业是否应该培养批判型思维，个人的观点比较偏激，笔者觉得东方人最不缺的就是批判型思维。如果我与家人开车去旅游，家人就会在旁边不断地批判与唠叨；假如我放下方向盘，请唠叨者来开，唠叨者必定会批判路上其他的司机，认为他们有病。我们在这辆车，被批判的人在其他的车上，根本就听不见互相的声音，所以这样的声音除了让自己不开心外，别无他用。笔者觉得东方人最应该培养的是对于执行者的尊重与理解，而不是批判型思维。

5. 社会主义的核心

个人的观点是社会主义的核心就是去中心化与网络化。人类的进化是从独立的个体，到家庭、家族、组织、社会这样演变的，进化的结果就是人应该慢慢克服自我的傲慢、自我的感观，让自我成为社会中的一员，而不是孤立的个体。人类是一个共同体，这就是网络化。去中心化并不是集权与分权的概念，国家是两个东西，一个是国，一个是家，它们是有界限的，任何不要界限的行为都是不符合天道的。去中心化是细胞的概念，一个细胞成了手掌上的一部分，一个细胞成了大脑的一部分，这两个细胞有什么不同吗？没有任何不同。但它们所组成的更大的一个功能部分，大脑与手掌的使命是不一样的。民进而国退，是人类进化的必然趋势，所以家族企业需要成长起来，不然国就无法退。

中国古人一直都讲究知行合一，什么是知行合一呢？就是智慧部门与执行部门的统一化与理智化，是智慧部门对于执行部门的抑制，是管理学中的中央集权思维。去中心化与网络化是现象或者练功的手法，不是目的，目的是中央集权。而中央集权的目的，是希望我们自己成为一个更好的人，放弃贪婪与抑制自我部分的动物性，与万物共和、共生。

家族企业内部只有按照社会主义思想来建立，才是符合社会发展的。我们可以看到像谷歌、宜家等企业，它们内部的管理思想均是社会主义，它们的精神代表了这种价值观的实践，所以也可以说本书的观点是具有非常多成功案例的。

6. 对于贪污腐败怎么看

在 TOPGROUP 时，曾经发生过这样一件事情：负责基建的总裁因为贪污被发现了，老板在会议中说，你现在已经吃饱了，如果我换一个人，他一样地贪的话，与其换一个饿的，不如用一个饱的，你给我好好干。当时这件事让我很吃惊，认为老板真是一个英雄，还把它当作了一个案例，私下盛赞于它。不过，随着阅历的增多，我推翻了这样的观点。人之所以生病，大多是因为微生物的缘故。这些微生物生活在自然界中，我们不用去管它们，需要尽量远离它们，保持敬意。但是当这些特定的微生物进入我们身体内的时候，我们的 T 细胞就必须毫不犹豫地消灭它。癌症为什么会致命，就是因为癌症是我们身体组织的一部分，T 细胞根本不会动作。贪污腐败就是癌症，你必须激活你的 T 细胞，让他们去消灭癌症细胞，不然你迟早死亡于你自己产生的与整体系统不搭配的自我之上。对于贪污腐败，血缘关系，亲情关系，统统都不要去考虑，必须零容忍，不然企业的大厦一定会腐烂崩塌。对于人的兽性，我个人是偏向于宽容的，因为那是人的低级特征。贪污腐败不是，它是一种进化特征，而这种进化的特征是与我们想去的方向不一致的，所以必须零容忍。

7. 人工智能或者大数据真的有用吗

有没有用，仅仅在于您的内心。刘备当初立志要伐吴，要为关羽报仇。他内心不了解利害关系吗？人之所以是人，就是因为人有感情，而人工智能或者大数据给您的只是一种利害关系而已。当初如果刘备不去伐吴，他的人生就不再具有价值。只有俗人才会觉得，刘备伐吴病死白帝城是一种失败。就我们多年来对于大数据的研究，大数据计算当数据源包含逆数据的时候，其计算结果是不一定正确的，这就如一个人生病后，其智商会降低10%~30%的原理一样。

8. 我觉得我是一个胆小的人，怕不能担负家族的重担

这世界上什么动物没胆呢？龙与马也，因为没有胆，所以当被理想所驱使时，它们是理想最重要的伴侣、朋友。在家族企业中，能够效犬马之劳，具有龙马精神的人，既然胆小，那么索性就不要胆好啦。

从行为管理学来看，自卑的人对外表达的往往是自尊，所以当自卑的人拥有绝对的权力后，往往还是不能满足，于是走向个人崇拜的道路，这是非常有害的。所以我们强调要直视你内心的软弱，不要把软弱与自卑看成是个人负担，相反这两个特性具有强大的特定含义，我们应当去找寻它，因为它与你的使命相关。

9. 家族的内斗

家族以企业为核心后，最重要的元素有两个，一个是规则，一个是规矩。规则导致矛盾，规矩化解矛盾。什么是规则？小明为销售，小王为开发，小明为拿下单子，充分地答应客户要求，小王为保证完成质量，拼命想减少要求，小明与小王就产生了矛盾与斗争，但小明与小王之间从来没有发生过影响企业名誉的事情，何也？不逾矩也。

10. 如何限制家族企业内的帮派

君主制度之所以不好，就在于君王害怕与恐惧下属的尾大

不掉，所以君主与下属哪怕是亲兄弟也会有担心。而全面项目管理平台，无需担心这个问题。因为规则定义了大老板的利益来自增值部分，所以帮派越强大企业越鼎盛，平台越有利。

企业内部五行相生，如果确实有一个单元变得异常强大，那么我们认为这个单元就不大适合做五行了，直接把集团交给他就是。由于我们为家族企业设计了完善的信托方案，所以对于既有利益的获得者，这样做并不会有什么大的伤害：既不需要去斗争，也不需要你死我活，游戏规则是公平公开的。关于信托的内容本书没有去讲这些控制要素，因为信托本身要求有一定的秘密，其内容不方便公开。这很像武侠小说中说的：某年某月发生什么事件了，然后主人公拿出一个锦囊，打开一看，危机就化解了，这就是家委会信托的功能。

11. 企业全面项目管理化，如何进行项目审批与审查？

从行为管理学来看，审查制度是贪污腐败之源，而非人性。企业平台化后需要严守一个准则：有审查，就会有投资。所有事前的审查与审批行为，都代表一旦获得通过，那么就有资源注入。如果家族企业有部门只能进行审查而不能给被审查者带来资源注入，那么这个部门就是冗余部门，应该坚决取缔。

━▐ 附　录

全面项目管理系统说明书

版次：　　　A/SH-1.1

受控状态：

密级：

分发号：

编制：　王清铉　　　日期：2009 年 8 月 30 日

版权声明和保密须知

本文件中出现的任何方法、过程等内容，除另有特别注明，版权均属广州大学南方治理研究院，受到有关产权及版权法保护。任何人与单位不得利用此私自进行商业活动，如果需要请联系作者获得授权，获得授权即可免费使用，并赠送炎煌人力资本测评题库等。之所以需要进行授权，是方便知识资产的跟踪、验证、改进与后续评估，非限制读者非商用使用知识资产。

联系　　Email：844813166@qq.com　　Weixin：wangqingxuan0

目　录

A. 过程域和主要成果清单

过程域		主要工作成果
营销管理	产品管理（产品策划、调研分析、立项）	产品建议书、产品调研报告、立项申请书
	销售管理（营销策划、销售跟踪、合同管理）	营销方案、销售跟踪表、合同管理表
	客户服务（受理、处理、关闭、反馈）	客服跟踪表
	客户信息管理	客户信息表
项目管理	立项管理（立项申请、PMO受理、立项评审、项目启动）	立项申请书、立项评审报告、项目总体计划
	结项管理（结项申请、PMO受理、结项评审、遗留问题跟踪、项目工作总结）	结项申请书、结项评审报告、项目工作总结
	项目规划与监控（人员角色、任务进度、项目成本、项目评审）	人员角色表、任务进度表、成本表、评审报告
	变更控制	变更控制报告
	沟通管理	沟通记录
	问题跟踪	问题跟踪表
企业资源管理	人力资源管理	人力资源表、人力资源测试评估、人力资源绩效
	全面预算管理	部门经常性预算、项目预算
	费用报销管理	费用报销申请单
	审计管理	风险评估与管理、业务定义过程、保障与使用过程、培训与训练过程、绩效情况、管理人员审计

过程域		主要工作成果
项目开发管理	需求开发与管理	需求规格说明书、需求跟踪表
	系统设计	系统设计说明书
	模块开发与集成	模块文档（需求和设计）、软件代码
	测试与缺陷跟踪	测试用例、测试报告、缺陷跟踪表
	交付与验收	安装手册、使用手册、验收报告
	维护	维护记录
支持过程管理	配置管理、文档管理、知识管理	配置库、文档库、知识库
	质量保证	质量保证检查表、问题跟踪表
	日志和周报	工作日志、周报
	绩效分析	绩效报表

B. 组织结构模型

无论家族企业的组织结构是集团管控模式，还是一般公司管理模式，信息系统内核并不按照企业的层级机构来确定组织结构，而是根据角色来分配。也就是说，在全面项目管理框架下，一个企业行政体系 CEO，可以去扮演销售角色，而一个行政体系下的部门经理也可以去扮演项目经理（EO）。在这个项目体系下，CEO 是属于部门经理调配的。项目组织是一个临时性的组织，而在这个组织中，项目经理（EO）最大，他对整个项目的开始、过程与结束负全部责任。在全面项目管理框架中，管理人员是原有家族企业的内控部门人员，如集团的项目管理中心人员等，他们不能同时扮演多个不相容的角色。行政角色与项目角色是完全两套体系，假如这个内控部门的人员参与项目运作体系，在当运动员的同时，其行政角色中的裁判或者教练的角色自动失效。

全面项目管理的理念体系的特点就是管理的主体只管事，而不管人的行为，"铁打的营盘流水的兵"。人类几千年来一直不断地反腐败，但总是越反越多，无论采取什么样的方法。其根本原因就在于管理体系上长期的行政职能所具有的权利必然会导致潜规则兴盛，这是人性使然。管人这件事，是全面项目管理体系下 EO 单元应该负责的，而非家族企业本身的职能，企业本体主要管事。

本系统的默认组织构架与角色如下：

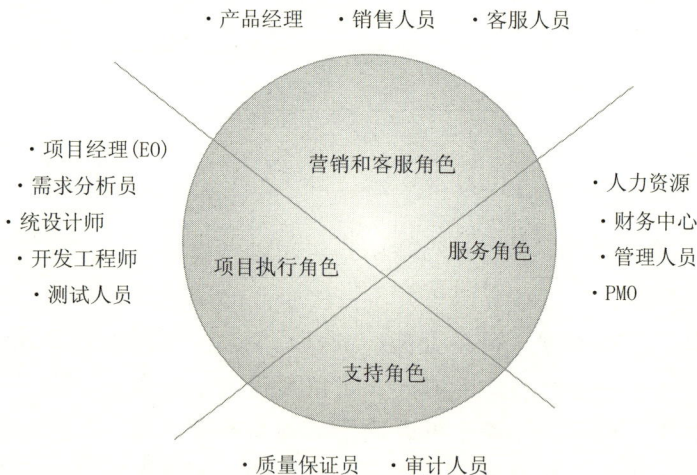

· 产品经理　· 销售人员　· 客服人员

· 项目经理 (EO)

· 需求分析员

· 统设计师

· 开发工程师

· 测试人员

营销和客服角色

项目执行角色

服务角色

支持角色

· 人力资源

· 财务中心

· 管理人员

· PMO

· 质量保证员　· 审计人员

C. 角色职责表

角色	该角色在项目流程中的主要职责
管理人员	（1）代表公司，参与立项评审，为项目分配合适的人力资源。 （2）及时了解所有项目的人力资源、进度、质量情况，协商处理问题。 （3）在项目结束时，对项目进行综合评估。
财务中心	公司内控人员，参与决策评审（如立项评审）。 财务与资金管理
HR （人力资源）	公司内控人员，负责人力资源分配和协调，提升人员的能力，考核管理人员绩效。这是 EO 单元的协议服务人员，他们 80% 的工资收入都来自于服务 EO 的项目
PMO （项目办）	（1）公司内控人员，为所有项目创建配置库，为用户分配合适的权限，负责信息安全和备份。 （2）指导开发人员使用配置管理软件，不断持续优化过程域与管理流程。 （3）受理立项申请，受理结项申请，项目过程检查。
产品经理	（1）介于客户与公司之间的群体，通过调研分析，进行产品策划，撰写产品建议书，申请立项。 （2）跟踪产品开发过程，及时试用产品，纠正偏差，给出优化建议。 （3）帮助销售人员宣传、销售该产品，及时获取客户的反馈，改进产品。
销售员	（1）直接面向客户对象的群体，负责本公司产品的销售，签订合同，跟踪合同执行过程。 （2）撰写合同项目的立项申请书。

角色	该角色在项目流程中的主要职责
客服人员	家族企业具有监事会的，其客服人员由监事局统一领导，集中受理客户问题需求，指定合适的处理人，审核关闭问题，获取客户反馈，是代表客户利益的群体。
EO（执行官）	EO（执行官）是立项之后的项目主要责任人，主要职责是带领团队在预定的时间和成本之内，开发并交付质量合格的项目（产品）。项目经理对本项目的进度、质量负主要责任。 （1）负责本项目的日常管理（如任务进度管理，项目评审，变更控制，沟通管理，问题跟踪等），以及可能存在的跨项目、跨部门协调。 （2）如果本项目没有专门的需求分析员，那么项目经理承担需求分析工作。如果本项目缺乏足够的开发工程师，那么项目经理应当承担某些模块开发。 （3）在项目结束时，总结知识财富和经验教训，完善文档。对项目成员的业绩进行评估。
系统设计师	（1）向执行官负责的群体，负责本项目需求调研、分析、定义，撰写详细的需求文档。 （2）将需求准确地传达给相关人员（如开发、测试、客户等），随着项目进展，及时完善需求文档。 （1）根据需求开展系统设计，包括项目构架设计、项目环境设计、项目目标对象行为分析等。 （2）撰写设计文档，并将设计成果准确地传达给其他项目成员。
开发人员	（1）向执行官与系统设计师负责的群体，按照执行官分配的任务执行开发工作，并清楚地交付给测试人员（准备测试）。如果测试人员报告缺陷，应及时消除缺陷。对自己工作成果的质量负最大责任。 （2）对自己的工作进行配置管理，撰写自己承担的模块文档。

角色	该角色在项目流程中的主要职责
测试人员	（1）向客户负责的群体，了解项目需求，和执行官商议测试计划，设计测试用例。 （2）根据计划执行测试，找出尽可能多的缺陷。使用缺陷跟踪工具，及时将测试信息反馈给相关责任人。
质量保证员	（1）向公司负责的群体，跟踪每个项目的开发过程，重点检查需求文档、设计文档、变更记录、用户文档是否符合规范。 （2）质量保证员包含家族企业两部分的人员，一个项目组织内的内控人员，一个是企业监事局下面的人员，共同参加需求评审和设计评审。 （3）如果发现项目问题，先和责任人沟通，如果难以解决，则由上级领导协调。
审计人员	公司级内控人员，审计人员为企业监事局的人员，是企业的独立机构，代表企业的所有客户方利益。监事局人员仅仅对董事会负责，不向 CEO 运营体系负责。对于家族企业，成立家族委员会后，审计单元转移到家族委员会。 审计人员的主要职责为确立在项目运营人员安排、资金使用、管理评判过程中，人们是否不断在过程中寻求改进，具有监督权，但没有处理权。

D. 全面项目管理概念

　　企业治理，要讲究治本，必先调整企业运营平台的机制。这种平台机制，就是站在高层管理者的角度，对各种各样的任务实行"项目管理"，其核心内容就是创造和保持一种能使各项任务都能有效实施管理的组织环境和业务平台。任务的项目化，可以使企业用一种简明有效的手段来管理成为可能。体系建立的根本是在企业的内部，建立多层负责体系，企业的员工不是所有的人都向自己的领导负责，而是根据自己的角色对事负责。对事不对人是这种体系与常规企业管理模式不同的地方。

项目管理是一种企业管理模式，是随着市场经济而不断变化的。企业内的运作项目不断地增多，企业在对企业内的项目按项目来管理时，常用到很多项目管理的方法，这些方法极大改良了企业对于项目的管理力度和对进度、质量、费用的控制。全面项目管理就是把企业的运作和管理援用项目管理的方法，参照原来常规企业管理的方法，整合成一种灵活而且制度完善的操作平台。这种操作平台由于带有大量的项目管理内容，所以被称为全面项目管理平台或全面项目管理框架。由于其主体思想就是要建立一种程序化管理的系统，这种企业管理模式，也可以被称为程序化管理平台或程序化管理框架。

本系统软件，分为定义级、管理级、优化级三种成熟级。本文档内容为定义级，定义级企业的产品 PLM（产品的生命周期管理）、ERP（企业资源整合系统）、CRM（客户资源系统）MES（制造执行系统）DNC（分布式数控系统）等业务级信息系统是并列运行的；管理级既可以在全面项目管理平台上进行这些系统的数据集成，也可以让这些系统在企业内单独运行；优化级是一种整合分布式，除特殊的企业业务信息系统外，一般不具有信息孤岛。本系统为组织级信息系统，家族企业中任何一个对集团企业财务具有严重影响的行为都要按照项目管理方式进行。比如，家族企业打算在某地开发一个房地产项目，当这个企业（无论是新成立的还是独立单元）打算使用集团的资金与资源时就需按照信息系统的提示，进行项目的申报并按系统提示的方向进行规划。如果独立单元完全使用其自有资金运作的项目，就可以不必进入系统。

第1章 营销客服过程

1.1 产品管理

全面项目管理平台下的产品管理，是向执行官负责的一种体系。家族企业的任何一个产品管理都会具有唯一的执行官，家族企业的产品管理不直接向公司负责，而是指向唯一的执行官。产品管理流程如图1-1所示。

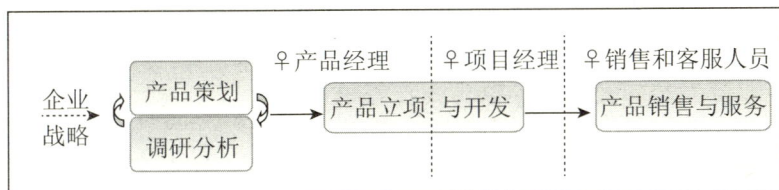

图1-1 产品管理流程

主要活动有：产品策划，调研分析，产品立项与开发，产品销售与服务。在家族企业管理中，集团新成立一个公司，新开拓一个业务，只要使用集团的资金，我们都可以把其看作是一种产品的管理。一个公司可以有多重产品也可以用归类的方式建立产品。该流程的主要工作成果和责任人见表1-1。

表1-1　产品管理流程的成果清单和责任人

主要活动	主要工作成果	主要责任人
产品策划	产品建议书	产品经理
调研分析	产品调研分析报告	产品经理
产品立项与开发	立项申请书、最终产品	产品经理、执行官
产品销售与服务	产品宣传材料、销售合同、客服单	产品经理、销售人员、客服人员

1.1.1　产品策划

产品经理负责产品策划活动。产品经理应主动寻求研发部门的帮助，由产品经理牵头，撰写《产品建议书》。系统模板有两种，可以任意选一种，不同的家族企业也可以自我重新定制，见表1-2。

提示：本产品立项之后，项目团队将进一步细化产品需求、设计方案和开发计划等。产品建议书是家族企业进行产品立项的重要文档，一般情况下如果行政部门的负责人进行产品建议（一般是发现好的市场机会），他代表他所负责的部门打算进行这种市场机会的运作。在全面预算管理的框架下，部门的负责人在确定《产品建议书》已于系统中立项后，他就可以立即动用部门的预算，进行运作了。但只有设计方案和开发计划等全部出来，获得家族企业项目管理中心批准后，才会有另外的预算到位。

表1-2　产品建议书

产品建议书（一）
1. 产品概述 用简练的语言说明本产品"是什么""什么用途"。

2. 产品开发背景

从内因、外因两方面阐述产品开发背景，重点说明"为什么"要开发本产品。

（1）内因方面着重考虑：开发方的短期、长期发展战略；开发方的当前实力与未来配置。

（2）外因方面着重考虑：市场需求及发展趋势；技术状况及发展趋势。

3. 消费群体特征

（1）阐述本产品消费群体的特征；

（2）说明消费者对产品的功能性需求和非功能性需求；

（3）说明本产品如何满足消费者的需求，以及给消费者带来什么好处。

4. 产品主要功能和特色

（1）营销产品要求的网站表现必须功能列表；

（2）说明本产品的特色与营利手段。

5. 产品设计方案和关键技术

（1）阐述设计方案及原理，如果有多种方案，需比较优缺点。

（2）阐述本产品的一些关键技术，评价技术实现的难易程度。

（3）确定这些营销活动需要哪些资源支持，说明理由，分析相应的风险。

6. 产品开发和计划

配合的市场宣传活动、营销产品的网站上线时间与具体的开发范围、拟订的模块单元负责人，里程碑计划、费用与资源计划

产品建议书（二）

1. 产品概述

用简练的语言说明本产品"是什么""什么用途"。

2. 产品开发背景

从内因、外因两方面阐述产品开发背景，重点说明"为什么"要开发本产品。

（1）内因方面着重考虑：开发方的短期、长期发展战略；开发方的当前实力。

（2）外因方面着重考虑：市场需求及发展趋势；技术状况及发展趋势。

3. 消费群体特征

（1）阐述本产品消费群体的特征；

（2）说明消费者对产品的功能性需求和非功能性需求；

（3）说明本产品如何满足消费者的需求，以及给消费者带来什么好处。

4. 产品主要功能和特色

（1）产品的主要功能列表；

（2）说明本产品的特色。

5. 产品设计方案和关键技术

（1）阐述设计方案及原理，如果有多种方案，需比较优缺点。

（2）阐述本产品的一些关键技术，评价技术实现的难易程度。

（3）确定哪些产品部件应当采购、外包开发或者自主研发，说明理由，分析相应的风险。

6. 产品开发和资金回收计划

如果产品有多个版本，估算各版本的开发时间和回收时间，以及人员和资金的使用计划。

1.1.2 调研分析

产品经理在做产品策划时，应同步进行调研分析。产品经理撰写《产品调研分析报告》，模板见表1-3，目的是为家族企业决策提供充分的、有价值的信息。

提示：如果不做调研分析的话，产品建议和立项管理便都是建立在空想之上。

调研者应当客观地对待被调查的事物，不可有意往"好处"或者"坏处"设想。所获取的数据、图表等信息要真实并且有据可查，不可凭空捏造。

调研分析的主要内容有：

◇ 消费者（购买者，使用者，影响者）调研；

◇ 竞争对手和同类产品调研；

　◇ 政策调研；

　◇ 技术可行性分析；

　◇ 知识产权分析；

　◇ 成本-收益分析；

表 1-3　产品调研分析报告

产品调研分析报告（一）
1. 消费者调研 （1）购买者的特征和需求。 （2）使用者的特征和需求。 （3）影响者的特征和需求。 2. 竞争对手与同类产品调研 （1）各竞争对手在研发、销售、资金、品牌等方面的实力。 （2）同类产品的功能、质量、价格，以及主要优点和主要缺点。 3. 政策调研 （1）有无政策"支持"或者"限制"。 （2）有无地方政府（或其它机构）的"扶持"或者"干扰"。 （3）如何利用（应对）政策。 4. 技术和时间可行性分析 （1）本营销产品"做得了吗？""做得好吗？"。 （2）按照正常的运作方式，能及时完成本营销吗？投入市场的时间合适吗？ 5. 防止恶性竞争分析 （1）分析是否已经存在同样的操作或者电子银行交易行为将妨碍本产品的开发推广； （2）分析本产品能否得到某种防止竞争保护，如何获得？ 6. 成本—效益分析 （1）估算总成本。 （2）估算总收益。
产品调研分析报告（二）
1. 消费者调研 （1）购买者的特征和需求。

（2）使用者的特征和需求。

（3）影响者的特征和需求。

2. 竞争对手与同类产品调研

（1）各竞争对手在研发、销售、资金、品牌等方面的实力。

（2）同类产品的功能、质量、价格，以及主要优点和主要缺点。

3. 政策调研

（1）有无政策"支持"或者"限制"。

（2）有无地方政府（或其它机构）的"扶持"或者"干扰"。

（3）如何利用（应对）政策。

4. 技术和时间可行性分析

（1）本产品"做得了吗""做得好吗"。

（2）按照正常的运作方式，能及时开发完成本产品吗？投入市场的时间合适吗？

5. 知识产权分析

（1）分析是否已经存在某些专利妨碍本产品的开发与推广；

（2）分析本产品能否得到知识产权保护，如何获得？

6. 成本-效益分析

（1）估算总成本。

（2）估算总收益。

1.1.3 产品立项与开发

产品经理负责立项申请，撰写《立项申请书》，提交给PMO，进入立项管理流程。在家族企业中，不是所有的行政人员都具有在全面项目管理框架下当产品经理的资格，只有获得相关资格的人，才具备在系统中发起产品立项的资格。一般来讲，但凡是具有独立核算资格的人员都会具有这个权限。产品经理角色与后面生成的EO（项目经理）角色可以是同一个人。当然，产品经理也可以推荐项目经理，由家族企业的项目管理中心进行批准与任命。产品经理这个角色可以是一个团队，但项目经理（EO）必须是自然人。

如果本产品被批准立项，则：

◇ 项目经理将管理本产品的开发过程，对产品的质量和进度负责。

◇ 产品经理要跟踪开发过程，及时了解产品的开发进度和工作成果质量。如果产品经理发现开发工作偏离了产品需求和预定的计划，应当及时与项目经理沟通，纠正偏差。

建议开发团队采用增量模式来开发产品，每次发布新的版本，既要请测试人员进行测试，又要请产品经理来体验（试用）。所谓产品，是指提供给市场供人们使用和消费，并满足人们某种需求的有形物品、无形的服务、组织、观念等。但无论是什么，我们都可以进行标准化管理。

产品经理应当站在客户的角度来体验（试用）当前产品：

◇ 如果发现产品中的缺陷，则向开发人员报告缺陷，由开发人员及时消除缺陷。

◇ 若产品经理向项目经理提出改进建议，双方应先就需求和改进措施达成共识，然后由开发人员执行相应的改进措施。

1.1.4 产品销售与服务

产品开发完成之后，产品经理负责：

◇ 撰写产品介绍文件。

◇ 制作本产品的宣传网页，设法在更多的网站发布产品信息。

◇ 可能需要设计和制作宣传页（印刷品）。

◇ 产品经理对本公司销售人员进行产品培训，使销售人员充分了解本产品的特性。

上述工作完成之后，进入销售管理流程和客户服务流程。产品经理跟踪销售和客服过程，收集并分析客户意见，及时改进产品策划。

1.2 销售管理

销售管理流程如图1-2所示，主要活动有：营销策划，销售跟踪，合同管理。该流程的主要工作成果和责任人见表1-4。

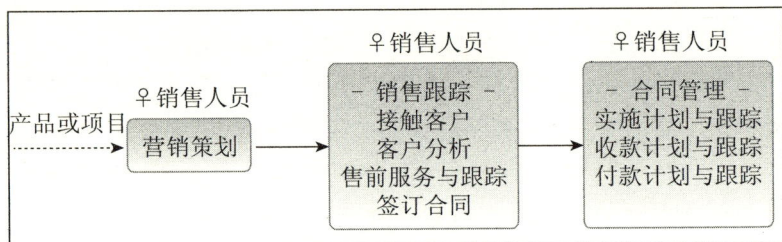

图1-2　销售管理流程

表1-4　销售管理流程的成果清单和责任人

主要活动	主要工作成果	主要责任人
营销策划	营销方案	销售经理
销售跟踪	销售跟踪表，销售合同	销售人员
合同管理	合同实施、收款、付款跟踪表	销售人员

1.2.1 营销策划

营销中心商议营销方案，销售经理分配任务给执行人（可为多人）。每个执行人填写执行情况，模板见表1-5。

表1-5　营销方案

方案名称		制定人	
起止日期		执行人	A，B
销售计划内容			

执行人	执行情况	状态	日期
A		未开始，进行中，完成	
B			

1.2.2 销售跟踪

销售人员负责：（1）销售本公司的产品；（2）从客户那里承接项目。

第一步，接触潜在客户。销售人员通过各种途径接触潜在客户，了解客户（公司）信息和客户的需求。

1. 客户信息客户情况介绍（企业战略、竞争对手、客户、合作伙伴……）。

表 6-1　客户信息表

客户公司名称		客户类型	
潜在竞争对手		合作伙伴	
电话		所属区域	
传真		所属行业	
邮政编码		所属城市	
地址			
客户公司简介			
联系人姓名	部门/职务	联系电话	Email /即时通信

续表

客户分析概述	必须描述如下 2~8 的内容，具体强度，不同家族企业可适当裁剪：

2. 业务痛点（为什么购买？）。

3. 决策流程（何人、何时、条件），影响决策的因素、人员结构、权力基础等。

4. 目前所处阶段（需要了解产品、需求已确定、需要评估、投标阶段、可行性演示、客户考察确定、商务谈判、审批未决）。

5. 我们的策略计划（何人、何事、何时、怎样做）。

6. 列示并详细描述客户的高层需求。

7. 购买我们的产品对客户的好处。

8. 当前他们的情况与现状。

第二步，销售立项报备。项目类销售人员填写客户信息表后，在获得中心的同意后，就可进行项目类的销售报备。报备的目的就是产生一个财务控制号，也就是说从报备开始，销售人员已经可以报销一定数量的销售费用，这些费用都统一计算到某个项目的名义下。

表 1-7　项目报备

销售人员	1. 项目介绍（预计金额，预计利润） 2. 项目的预算需求（交通费、差旅费、餐费、装订费、其他） 3. 经过批准的总金额 4. 现在已经使用的数量 5. 是否需要向公司借贷
此人员的总体销售基金	（每个人员都有其基金的总额，也就是说如果原来他为公司做出过贡献，其基金的数额会根据个人对公司的直接贡献度而上升，员工的企业贡献基金可以在系统中抽取、报销）

第三步，售前服务与跟踪。销售人员根据潜在客户需求，提供产品演示、讲解、答疑等服务。如果承接客户的招标项目，则按客户规定的程序进行"投标、答辩、商务谈判"。如果需要，销售人员应主动向研发部门申请技术支持。

销售人员填写销售跟踪表，模板见表1-8。

表1-8　销售跟踪表

客户			
销售单内容			
对客户的承诺			
跟踪人（根据销售人员自动获得）	资金使用情况（从报销流程处自动显示）	跟踪说明	跟踪日期

第四步，签订合同。如果客户确定采购，可能有两种方式：

（1）商务谈判结束后，双方责任人将签订正式的合同。双方责任人仔细审查合同中的每个条款，确保合同没有错误和隐患，然后签字、盖章，使合同生效。

（2）客户承诺采购，但是目前不能签订合同。遇此情况，销售部门需请示公司领导，决定做还是不做。

提示： 如果公司销售产品，则需制定《产品销售合同》模板。如果公司承接客户项目，则需制定《项目销售合同》模板。

1.2.3　合同管理

销售人员根据合同信息，制定实施计划、付款计划、收款计划，并跟踪这些计划的执行情况，模板见表1-9。

表1-9　合同管理表（实施、收款、付款）

客户名称		客户方负责人	
合同名称		我方负责人	
合同签订日期		计划完成日期	
合同摘要			
计划实施日期	计划说明	执行人	执行状态/情况说明
计划收款日期	金额及用途说明	执行人	执行状态/情况说明
计划付款日期	金额及用途说明	执行人	执行状态/情况说明

第 2 章　项目管理过程

2.1 立项管理

本系统是企业级管理信息系统，如果家族企业原本是项目型企业，可以无缝过渡。立项管理的流程如图 2-1 所示，主要活动有：立项申请、PMO 受理、立项评审和项目启动。该流程的主要工作成果和责任人见表 2-1。

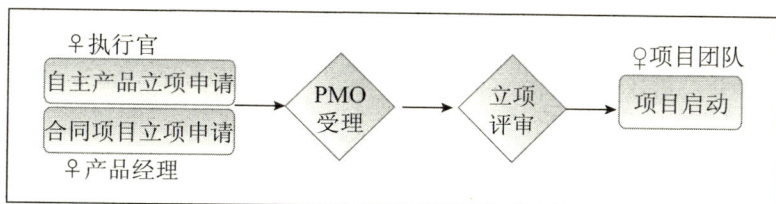

图 2-1　立项管理流程

表 2-1　立项管理流程的主要工作成果和责任人

关键活动	主要工作成果	主要责任人
自主产品立项申请	产品建议书，调研分析报告或立项审批表	产品经理
合同项目立项申请	项目报备表，相关营销中心负责人批复	合同项目的销售人员
PMO 受理	立项评审通知	PMO
立项评审	立项评审结论	立项评审委员会

续表

关键活动	主要工作成果	主要责任人
项目启动	项目总体计划	EO

2.1.1 立项申请

一般来说，对于营销类项目（销售人员被视为 EO）而言由 EO 进行《立项申请书》的填写。对于产品开发类，产品经理撰写《立项审批表》，并将相关附件（主要是产品建议书、产品调研分析报告）一起提交给系统。

对于项目类，销售人员撰写《项目报备表》，获得营销中心负责人批复后，就可提交 PMO，以后产生的各种文件（主要是合同文件）也一起在此提交给 PMO。

《立项申请书》的格式见表 2-2。

表 2-2　立项申请书

项目名称		项目类型	合同项目／自主产品
申请人		申请日期	
1. 项目介绍 2. 本项目对公司的价值 3. 项目进度要求 4. 项目所需人力资源 5. 项目成本估算 6. 立项可行性分析 　6.1 技术可行性分析 　6.2 成本-效益分析 　6.3 竞争分析 　6.4 风险分析 　6.5 SWOT 分析			

备注：项目立项管理包含三种类型：一种是开发实施类，

需要严格过程管理的必须要有《项目审批表》，比如家族企业打算在某地开发区成立新公司，具有投资的类别。一种是营销类项目，申请人是 EO，比如某人想在某地建立办事处，不需要集团或者家族企业本体投资，考虑系统既为企业本体服务，也为个人服务，管理级全面项目管理系统对其通过两种方式来运作——机会管理与实施管理。

在管理级的全面项目管理中，EO 在进行申请时，有一个很重要的数据，这就是个人贡献基金，企业人人都可做 EO。也就是说只要家族企业的人员拥有一定的企业个人贡献基金，都可在个人额度内使用系统的申请，成为执行单元。这与传统的中国文化观念有些不一样，这个体制不鼓励大家去做管理者，而是鼓励大家成为执行者。

2.1.2 PMO 受理

PMO 受理人审阅《立项申请书》和相关附件，如果发现文件内容不合流程要求或者质量不合格，则退还给申请人重新改进，直到文件合格为止。之后，PMO 受理人将文件转交给总监或者企业首席执行官（CEO）。

总监或者 CEO 根据项目的特征，选定"立项评审委员会成员"，确定评审时间。具体由什么角色来确定这个工作，不同的家族企业可以自行选择。

PMO 受理人发起立项评审通知，格式见表 2-3。提示：如果项目涉及面很广，难以一次性在立项评审会议上决定，那么总监可以先召开"预评审"会议，之后再进行正式的立项评审。

表 2-3　立项评审通知

项目名称		申请人	
评审文件			
评审时间地点			
评审人员	部门和职务		
评审负责人			
评委			
其他参加人员			
评审内容			

2.1.3 立项评审

2.1.3.1 甲类项目（一般日常性项目）

PMO 通知相关人员在既定的时间参加立项评审会议，《立项评审报告》格式见表 2-4。

评审负责人主持评审会议，把控会议进程。

立项申请人陈述《立项申请书》和相关文件的主要内容。评审委员提出疑问，立项申请人解答。双方应当对有争议的内容提出处理意见、达成共识。

根据五步法，每个评委发表（填写）自己的评审意见。

计算机给出一个评审结论，这个结论不是"同意立项"或者"不同意立项"。而是一种打分制度，是一种计算机决策算法，算法本系统保密。

计算机系统自动进行报告的生成。决策这件事情，任何人都会犯错误，所以任何人在计算机系统中都不会为其决策判断负任何责任，家族企业应该精心挑选评委的人员。计算机系统不需要假话，也不需要人情世故，只是需要不同五行八卦特征的人，对于具体问题的真实想法。威权组织之所以常常具有

"三十年河东三十年河西的现象"，大多与核心人员不再肝胆相照有关。我们所需要的，是总结。总结工作的每一步最佳实践，这就是学习型团队。

表 2-4　立项评审报告

评委姓名	评审意见
	说明同意或者不同意的理由
计算机评审	计算机根据算法对评委的意见进行分析计算，然后给出一个电脑的评估
	评审结论：【1】【2】【3】【4】［ √ ］【6】【7】【8】
（五步法）	
	1. 定义业务功能和技术要求 2. 建立需求的完整性 3. 识别与分析业务过程风险 4. 评估所提议的解决方案与运营的好处 5. 批准建议的解决方案
人工结论	终审结论和意见
	评审结论：　［ √ ］同意立项　　　　［ ］不同意
	意见：

2.1.3.2 乙类项目（一般是大型投资类项目立项，计算机不参与计算）

（1）明确业务的战略目标。

（2）确定项目风险性。

（3）识别与目标相关的事件。

（4）评估与事件有关的风险。

（5）评价风险影响的措施。

（6）排定控制活动的优先级与规划。

（7）批准并保障风险措施计划的资金。

（8）任命 EO。

（9）保持并监视风险措施计划。

2.1.4 项目启动

第 1 步　确定项目团队

PMO 根据项目特征和立项评审报告，任命合适的项目经理（EO），并确定该项目的主要成员。

项目经理或者 EO 对立项之后的项目进度和质量负责。项目成员向项目经理汇报工作。项目经理向 PMO 汇报工作。

第 2 步　确定项目总体计划

项目经理和项目成员共同商议，制定初步的《项目总体计划》，格式参见表 2-5。PMO 审批该《项目总体计划》，如果有修改意见，请项目经理及时修正。

提示：在项目开发过程中，项目经理可以不断细化项目计划和修改项目计划，详见"项目规划与监控"过程域。

表 2-5　项目总体计划

项目名称		计划开始日期	
项目经理		计划结束日期	
1. 项目介绍			
说明项目目标、关键因素及优先级			
2. 项目主要成员表			
姓名	角色	说明（主要职责和工作时间）	

3. 关键任务进度表			
名称（📁阶段／📋任务／◇评审点）		执行人	计划起止日期
4. PMO 审批	审批意见		

第 3 步　初始化管理平台

（1）PMO 受理人在管理平台中创建该项目。

（2）项目经理或者 EO 登录管理平台，进入该项目，执行初始化操作：

> 初始化项目成员表（含角色职责）。

> 把立项会议的相关文件上传到本项目的文档库中。

> 根据《项目总体计划》初始化任务进度表。

第 4 步　初始化软件配置管理工具

（1）PMO 的配置管理员创建该项目的配置库，授予项目经理或者 EO 控制本项目的权限。

（2）项目经理或者 EO 再分配权限给其他项目成员。

2.2 结项管理

结项管理的流程如图 2-2 所示，主要活动有：结项申请、PMO 受理、结项评审、遗留问题跟踪和项目工作总结。该流程的主要工作成果和责任人见表 2-6。

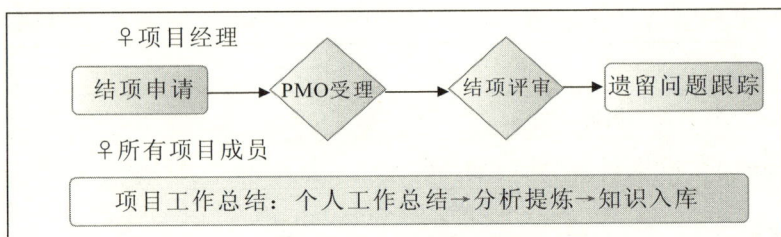

图 2-2　结项管理流程

表 2-6　结项管理流程的主要工作成果和责任人

关键活动	主要工作成果	主要责任人
结项申请	结项申请书	项目经理
PMO 受理	结项评估报告	PMO，结项评审委员会
结项评审		
遗留问题跟踪	问题跟踪表	项目经理，PMO
项目工作总结	个人工作总结，知识库	所有项目成员

2.2.1 结项申请

正常情况下，当项目开发工作结束时，由项目经理撰写《结项申请书》，递交给PMO。《结项申请书》的格式见表2-6。

对于异常结束的项目，部门经理应当明确指示项目经理，确定何时结束项目。部门经理应当向员工们解释为什么要异常终止项目。异常中止项目的结项流程与正常结项流程相同。

2.2.2 PMO 受理

PMO 受理人审阅《结项申请书》和相关附件，如果发现文件内容不合流程要求或者质量不合格，则退还给申请人重新改进，直到文件合格为止。之后，PMO 受理人将文件转交给项目管理中心总监（或者 CEO）。

项目管理中心总监或者 CEO 根据项目的特征，选定"结项评审委员会"，确定评审时间。PMO 受理人发起结项评审通知，格式和立项评审通知相同（见表 2-3）。

表 2-7　结项申请书

项目名称			项目经理	
1. 项目完成情况	计划情况		实际情况	
主要功能				
项目起止日期				
人员和工作量				
项目成本				
应递交的成果				
2. 资产清单（资金和设备，软件等）			说明、处理建议	
3. 专利和版权				
4. 项目价值体现	阐述：项目质量，市场价值，成本效益，对机构的贡献			
5. 人员业绩	工作业绩描述			获得个人贡献基金额度
项目名称			项目经理	
人员 A				
人员 B				
项目经理签字				

2.2.3 结项评审

PMO 通知相关人员在既定的时间参加结项评审会议。

评审负责人主持评审会议，把控会议进程。

立项申请人陈述《结项申请书》的主要内容。评审委员提出疑问，立项申请人解答。双方应当对有争议的内容提出处理意见、达成共识。

每个评委发表（填写）自己的评审意见。

评审负责人汇总所有评审委员的评审意见，给出评审结论："同意结项"或者"不同意结项"。

记录员（PMO受理人）填写会议记录。《结项评审报告》的格式见表2-8。

表2-8　结项评审报告

评委姓名	评审意见
评审负责人	评审结论和汇总意见
	评审结论：[√] 同意结项　　　[ ] 不同意
	汇总意见： （1）项目任务完成情况。 （2）项目资产处理意见。 （3）发掘可以重复利用的知识财富，给出应用建议。 （4）项目的价值：市场价值、成本效益、技术积累等
记录员	会议记录

提示：项目结项后，该项目的人力资源和设备资源将被释放，应用于新的项目。项目成员有义务维护自己参与的项目。

2.2.4 遗留问题跟踪

项目结项后，尚有一些遗留问题，项目经理或者公司的客服人员填写"问题表"，PMO人员跟踪该问题表，确保所有问题得到妥善处理。详见"问题跟踪"过程域。

2.2.5 项目工作总结

第一步。所有项目成员都要撰写《个人工作总结》，格式见表2-8，在公司范围内共享经验教训。

第二步。项目经理召集所有项目成员，讨论每个人的工作总结，提炼出知识财富。

第三步。把知识财富按照一定的格式保存在全面项目管理平台中。

表 2-9　个人工作总结

撰写人		日期	
工作总结与知识传递	1. 本人在项目中的主要任务 2. 遇到哪些问题，如何解决 3. 经验教训和建议		

2.3 项目规划与监控

项目规划（Project Planning）是指对本项目的人力资源、任务进度、成本等做出合适的安排，制定出一些计划（包括宏观的和细节的），使大家按照计划行事，最终顺利地达到预定的目标。

项目监控是将项目实际情况与项目计划进行对比。如果发现某些因素（如人力资源、任务进度、成本等）的偏差比较大，那么及时分析原因，给出纠正措施。项目监控至少有两个好处：(1)避免原本合理的计划在实施过程时落空。(2)避免"执迷不悟"地按照原本不合理的计划行事。

项目规划与监控的重点是："人员角色""任务进度""项目成本""项目评审"。

2.3.1 项目人员角色

项目经理向部门争取"完成本项目充分必要的人员"。项目人员到位后，项目经理确定每个人员在本项目的角色、工作内容和时间，格式见表2-9。

表2-10 项目人员角色表

姓名	角色	工作描述（简要说明工作内容和时间）

2.3.2 任务进度管理

项目经理根据"本项目需求和人力资源"分解任务，和项目成员协商后，把任务交给最合适的人员去执行。简而言之，就是要"知人善用"。"知人"是指领导者应当非常了解他的团队成员，包括知识技能和性格爱好等等。"善用"是指让团队各成员扬长避短，使团队战斗力达到最强。

项目经理还要有意识地锻炼、提升成员们全局开发的能力，要保证至少有一人可以替换别人的工作。否则万一某人缺席（如离职、休假等），将导致工作被中断。

任务进度管理的流程如图2-3所示，主要活动和步骤如下：

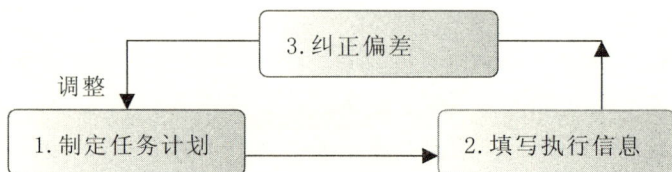

图2-3 任务进度管理的流程

第1步 制定任务进度计划

项目经理或者EO和项目成员们共同协商任务，大家达成共识后制定任务进度计划，每个任务的主要数据如下：

➤ 任务名称、任务描述、预计工作成果。

➢ 开始日期、计划完成日期。

➢ 任务执行人（可以多个）、计划工作量。

第 2 步　填写执行信息

每个任务的执行人（可以多个）填写执行信息，主要数据如下：

➢ 执行人，填写日期。

➢ 任务状态（进行中，已完成）。

➢ 当前进度（百分比）。

➢ 实际工作量，执行说明。

第 3 步　纠正偏差

如果任务的执行情况和计划之间的偏差比较大（例如工作量、完成日期的误差超过 20%），项目经理应当和执行人交流，分析原因并给出解决措施：（1）若原计划太乐观了，那么适当修改原计划；（2）若执行人工作不得力，那么要求执行人加班追赶进度。

2.3.3 项目成本管理

项目经理应当懂得"非财务人员"的项目成本管理。项目成本管理的流程如图 2-4 所示，主要活动和步骤如下：

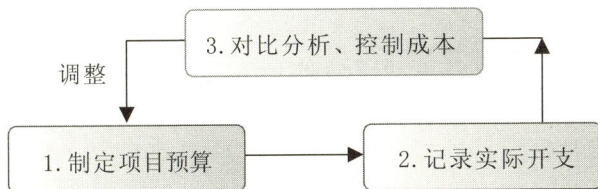

图 2-4　项目成本管理的流程图

第 1 步　制定项目预算

项目经理制定项目预算表，每条记录的主要数据有：

➢ 金额；

➢ 预算类型（人工、硬件、软件、办公消耗、信息系统使用费、项目管理费等）；

➢ 用途说明。

第 2 步　记录实际开支

项目经理或者 EO 和项目成员记录实际开支，每条记录的主要数据有：

➢ 经办人，开支时间；

➢ 金额；

➢ 预算类型（人工、硬件、软件、办公消耗、信息系统使用费、项目管理费等）；

➢ 用途说明。

第 3 步　对比分析、控制成本

项目经理或者 EO 可以随时对比分析"成本预算表"和"实际开支表"。实际报销的数据与实际开支的数据自动对比。如果预计会产生费用超支，项目经理或者 EO，需要在变更模块中进行费用的增加申请。审批后，方能报销未计划开支。

2.3.4 项目评审（决策评审和技术评审）

项目评审分两类：决策评审和技术评审，两者的流程相同，但是目的不同。

决策评审的目的是利用集体（所有评审人员）的智慧，做出正确的决策，决定项目工作继续进行还是终止。

技术评审的目的是及时发现工作成果中问题，提出改进建议，使工作成果变得更好。

第 1 步　发起评审通知

发起人根据项目计划（或者项目经理的指示）发出评审通知，明确评审会议的内容、参加人员、时间、地点等信息，《评审通知》的格式参见表 2-3。一般地，默认的评审负责人是项目经理，如果项目经理不能做出决定，可以重新指定其他人担任评审负责人。

第2步　评审负责人召开评审会议

（1）发起人讲解待评审的成果。

（2）评审人员现场提问和讨论，发起人解答疑问。

（3）所有评审人员给出评审意见。

（4）评审负责人汇总评审意见，给出评审结论。

（5）记录员输入会议记录。

《评审报告》的格式参见表2-4。

2.4 变更控制

变更控制具有两种含义，一种是项目开发或者工程实施过程中的变更，一种是EO项目的费用、进度与目标变更。

项目开发实施过程中发生变更是司空见惯的事情。这里"变更"是指改变已经发布的工作成果（如文档、代码或者计划等），修改草稿不叫变更。变更控制的目的不是为了"预防变更"，而是为了"防止变更失去控制产生坏的后果"。变更控制的最大困难在于"如何拒绝客户或上级领导提出的不合理变更要求"。

变更控制的流程如图2-5所示，主要活动有：变更申请、评审和审批以及执行变更。

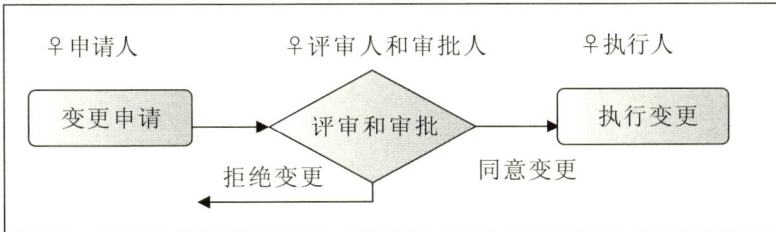

图 2-5　变更控制流程

提示：一般情况下，先申请，审批通过后，再执行变更。在实际工作中，由于时间紧迫，对于低风险的变更，允许先执行变更，后补写变更申请。

《变更控制报告》的参考格式如表 2-11 所示。

第 1 步　变更申请

项目开发过程中，所有人员（包括销售人员、项目成员和上级领导）提出的变更申请，必须说明"变更内容和原因"。由项目经理受理，指定多个评审人和一位"审批负责人"。一般情况下，项目经理担任审批负责人。

如果对项目的技术方案、进度、质量、成本产生重大影响的变更，项目经理做不了决定，那么可以指定上级领导担任审批负责人。

第 2 步　评审和审批

每个评审人都可以发表意见（但是不做决定）。由"审批负责人"做决定："同意变更"或者"拒绝变更"，并给出指示。

第 3 步　执行变更

审批负责人同意变更后，由项目经理安排人员执行具体的变更工作，调整相应的任务进度计划，通知受变更影响的相关人员。

表 2-11　变更控制报告

1. 变更申请	
项目名称	
变更原因和内容	说明变更原因和变更内容，估计此变更对项目造成的影响。
变更申请人	

评审人	可以多人
审批负责人	可以逐级审批
2. 变更审批	
评审人	评审意见
2. 变更审批	
审批负责人	[√] 同意变更　　　[　] 拒绝变更
	指示：
3. 执行变更	
执行人	说明

2.5 沟通管理

沟通管理包括项目内部沟通、跨部门沟通、与上级领导沟通、与客户沟通等，要及时记录重要的沟通信息，避免遗忘。必要的时候，需要用客户联系单来表示。系统打印后，盖章递交客户，模板见表2-12。

表2-12　沟通记录

标题		沟通日期	
沟通对象	客户或公司内部人员	填写人	
沟通方式	面谈 / 电话 / email / 网络交流		
沟通结果	达成共识 / 存在异议 / 搁置		
详细信息			

项目开发过程中存在各种各样的风险，需要项目经理（和销售人员）及时地和客户沟通。"客户沟通"的主要目的是"消除摩擦、增进关系""处理不合理的变更"和"发掘新的商机"。项目立项，按照研发确定项目的必须过程，一般 EO 类暂无此过程。EO 类项目只需沟通记录，而一般工程开发实施项目需具备客户联系单。

2.6 问题跟踪

问题跟踪（按项目号排序）的范围包括：开发过程中的各种问题、风险和建议，以及结项后遗留的问题。问题跟踪的一般步骤如图 2-6 所示，问题跟踪表见表 2-13。

第一步。报告者创建问题，指定接受者，识别和分类问题。

第二步。接受者处理问题，实施起因分析，状态为"正在处理"。

第三步。解决问题。已经解决了问题，则把状态置为"解决待关闭"。

第四步。报告者审核这个问题，如果确定该问题已经解决，则把状态设置为"关闭"。如果发现问题没有解决，则可以"重新打开"问题，回到第二步。维持问题记录。

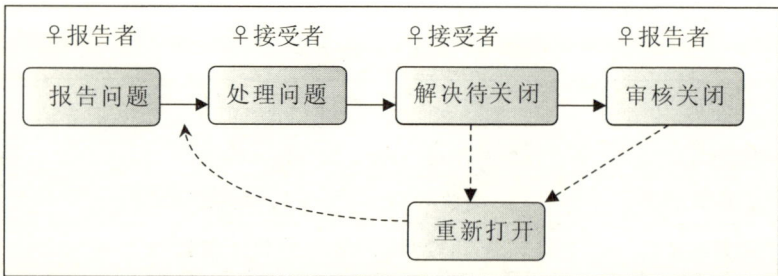

图 2-6　问题跟踪示意图

表 2-13　问题跟踪表

问题编号		问题类型	
重要性		紧急程度	
问题跟踪表			
问题描述			
报告者		报告时间	
接受者		期望完成日期	
问题处理方案			
当前状态		实际完全日期	
审核关闭意见			

第3章 项目开发过程管理

本系统模块，由于不同的家族企业具有不同的业务形态，在打算实施本系统时，需要定制开发。系统自带样例模版如下：

3.1 需求开发与管理

需求开发与管理是指通过"调研、分析、定义、评审、跟踪"等活动，使开发方和委托方（客户或本公司领导）对需求有共同、清晰的理解，并依据双方确认的需求开展后续开发工作（如设计、编程、测试等）。

项目经理根据本项目的人力资源来确定需求分析员（可以多人）。需求分析员负责开展调研、分析、定义、评审、跟踪等活动。

3.1.1 需求调研

需求分析员起草需求问题表，将调查重点锁定在该问题表内，否则调研工作将变得漫无边际。

需求分析员确定需求调研的方式，例如：

◇ 与用户交谈，向用户提问题。

◇ 参观用户的工作流程，观察用户的操作。

◇ 向用户群体发调查问卷。

◇ 与同行、专家交谈，听取他们的意见。

◇ 分析已经存在的同类软件产品，提取需求。

◇ 从行业标准、规则中提取需求。

◇ 从 Internet 上搜查相关资料。

需求分析员在调研过程中随时填写"客户需求记录"，参考格式如表 3-1 所示。

表 3-1　客户需求记录

项目名称		需求分析员	
调研方式		被调研者	
时间、地点			
需求标题	客户需求记录		

需求分析员整理所有客户需求记录，归纳与总结共性的需求，为撰写详细的《需求规格说明书》做准备。调研过程中获取的需求信息可以作为《需求规格说明书》的附件。

3.1.2 需求分析

需求分析是对各种来源的需求信息进行分析，消除错误，刻画细节等。常见的需求分析方法有"问答分析法"和"建模分析法"两类。

问答分析最重要的问题是："是什么"和"为什么"。每个需求都应当用陈述句说明"是什么"。如果"是什么"的内涵不够清晰，则应补充说明"不是什么"。如果"是什么"和"不是什么"并不是"理所当然"的，那么应当解释"为什么"，以便加深读者的理解。追究"是什么"和"为什么"的目的，获得正确、清楚的需求。需求分析结果的得到，需要采用会议法、客户通知书、知识共享等方式方法，尽量要让今后系统的使用人员紧密地参与进来。实际上大多数情况下，客户都提供不出什么有价值的东西来，而是需要我们的顾问去引导，甚至是我们的顾问采用最佳实践，直接把结果告诉他们。对于某些类型的信息，用图形表示要比文本表示更加有效。所以将图形与文本结合起来描述需求是很自然的方法。需求建模就是指用图形符号来表示、刻画需求。之所以要这样做，是因为在这个阶段，参与的人越多，参与的人越用心。今后系统开发出来后，才真正有人去使用，才用得起来。不管怎么说，系统是为他们服务的，这才是需求分析这个阶段的思想精髓。

现代建模工具如 Rose 有非常丰富的图形符号和文字标注，能很好地表达模型的细节。要注意的是：在建模时使用花样过多的图形符号或文字意味着模型表示得复杂化，将使开发人员更难掌握，而且使图形文档更加杂乱。

世上不存在一个包罗万象的图用以完整地描述需求。需求建模不可能取代文字描述。在需求文档中，文字描述是第一重要的，建模主要是起分析、解释作用。建议将模型存放在需求文档的附录中，便于正文引用。

3.1.3 需求定义

需求分析员根据需求调查和需求分析的结果，进一步定义准确无误的需求，撰写《需求规格说明书》，模板见表3-2。

提示：本模版以软件工程设计，家族企业的其它类型的需求规格说明书，请另定义模板。

表3-2　软件需求规格说明书

1. 背景介绍 2. 软件系统的用户介绍 　2.1 用户类型和角色职责 　2.2 用户组织结构图（可选） 　2.3 用户的信息化情况

3. 用户业务流程介绍
4. 软件系统的约束
5. 软件系统当前版本的范围
6. 软件系统的功能清单
7. 模块需求说明（可以写在单独的模块文档中）
8. 其它需求
9. 签字确认

3.1.4 需求评审

需求分析员邀请项目成员（包括项目经理）和客户代表共同评审《需求规格说明书》，大家尽最大努力使《需求规格说明书》能够正确无误地反映用户的真实意愿。

需求评审的流程见"项目评审流程"。一般地，需求分析员为申请人，项目经理为评审负责人，项目成员和客户代表可以担任评审员。所有评审人员认真检查需求文档，力求使需求文档达到正确、清楚、无二义性、一致、必要、完备、可实现、可验证。

3.1.5 需求跟踪

第 1 步。需求分析员创建需求的目录结构，便于人们阅读。

第 2 步。需求分析员输入每条需求的详细内容，可以多次细化修改，每次修改后应通知相关项目成员。

第 3 步。需求分析员跟踪每条需求的进展状况，填写需求跟踪记录（当前状态和情况说明），需求跟踪表的格式见表3-3。

表3-3　需求跟踪表

需求目录/名称	优先级	状态	责任人	关联信息（文档，任务，缺陷等）

3.2 系统设计

系统设计单元初始化系统模板为软件工程类，不同的家族企业需要对具体的业务与工程定义符合自身业务的模板。本系统单元在针对不同的家族企业时，在上线时需要重新定制开发。但无论家族企业的具体项目是什么，哪怕是一场营销活动的项目，皆需要按照最佳实践方式，进行相关模版的定制。这是家族企业 EPG（过程改进小组）的重要工作，这个工作可以非常有效地提高家族企业日程与预算的可信度；可以缩短产品或者工程的研发与实施时间；可以非常显著地提高生产率，提高整个家族企业的管理质量，从而提高员工的士气，提高家族企业的投资回报率。

家族企业 EPG（过程改进小组）是家族企业委员会下的一个常设机构，是家族企业管理成熟度的标志。建议所有打算采购与使用本系统进行管理的家族企业，在打算实施时，率先进行家族企业 EPG（过程改进小组）的组建。

3.2.1 样例模版之软件系统设计

软件系统设计的主要内容有体系结构设计、用户界面设计、数据库设计等。在需求与代码之间建立桥梁，指导工作人员开发能够满足用户需求的软件系统。

项目经理根据本项目的人力资源来确定软件设计师（可以多人）。

软件设计师撰写《软件系统设计说明书》，并构造可运行的软件系统框架，所有的模块都是在该系统框架上开发和运行。《软件系统设计说明书》的模板参见表3-4。

表 3-4　软件系统设计说明书

```
1. 软件系统概述
2. 设计约束
3. 开发、测试与运行环境
4. 软件体系结构图
5. 功能模块设计概述
   5.1 模块汇总
   5.2 模块之间的关系
6. 数据库设计概述
   6.1 数据库坏境说明
   6.2 数据库命名规则
   6.3 安全性设计说明
   6.4 表汇总和表设计
7. 用户界面设计概述
8. 综合考虑（可选）
   8.1 稳定性和可扩展性
   8.2 性能分析
   8.3 复用和移植
   8.4 防错与出错处理
   8.5 其它
```

3.2.2 样例模版之设计评审

设计评审的目的是在同行专家的帮助下，尽早地发现本系统中存在的设计缺陷，及时消除设计缺陷。

当软件设计师撰写完成《软件系统设计说明书》，并构建可运行的系统框架之后，邀请项目成员（包括项目经理）和本公司技术专家开展设计评审。

设计评审的流程见"项目评审流程"。

3.3 模块开发与集成

项目经理分配合适的模块开发任务给开发人员，开发人员对自己承担模块的质量和开发进度负责。

开发人员阅读《需求规格说明书》和《系统设计说明书》，分析并细化自己承担的模块需求，并且进行模块细节设计，撰写《模板需求和设计文档》，见表3-5。

所有开发人员按照既定的规范（如编程规范）来实现自己承担的模块，并在系统框架中和其它模块集成一起。

开发人员完成模块开发后，必须先进行自我测试，必须走通模块的所有功能，消除自己已经发现的缺陷，然后交付给下个环节。

表3-5　模块需求和设计文档

项目名称		模块名称	
撰写人		完成日期	
1. 模块功能和流程介绍			
说明模块用途、主要功能，最好绘制功能结构图和工作流程。			
2. 模块的设计思路			
3. 模块的主要数据结构			
4. 本模块的主要调用			

（1）本模块主要调用了其它模块的哪些接口；（2）本模块为其它模块提供了什么接口。
5. 其它说明

3.4 测试与缺陷跟踪

测试与缺陷跟踪的流程见下图 3-1。

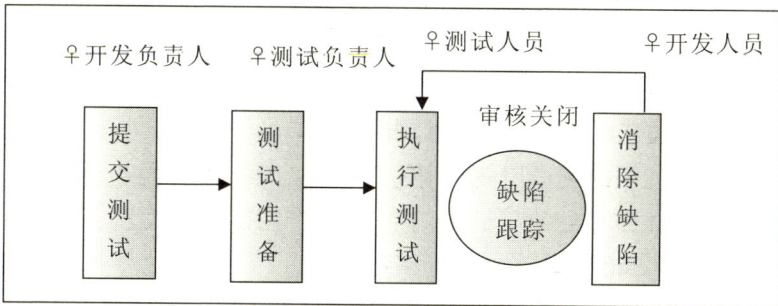

图 3-1　测试与缺陷跟踪的流程

3.4.1 提交测试

开发负责人把待测试物品（如软件包）交付给测试组之前，必须完成以下工作（否则测试人员可以拒绝接受）：

（1）在配置库中打标记（Label），这个 Label 就是待测试物品（如软件包）的版本号（建议包含"年、月、日、时、分"的信息）。

（2）说明该版本要测试什么，注意事项等。

（3）开发人员必须测试自己开发的功能，通过后才可以交付给测试人员。

3.4.2 测试准备

测试准备主要有三件事情：分配测试任务，设计测试用例，构建测试环境。

3.4.2.1 分配测试任务

测试负责人和测试人员商议测试计划，安排合适的测试人员执行测试任务。

3.4.2.2 设计测试用例

测试用例是用于检验目标系统是否符合需求的一种"示例"，基本要素有：前提条件、输入数据或动作、期望的响应。《测试用例》就是描述各种测试用例的文档，相当于一本"测试操作手册"。关于测试用例的一些常识如下：

（1）设计测试用例的目的是找出需求、设计、代码中的毛病，因此最好尽可能早地设计测试用例。

（2）不同的测试用例其用途应当不一样，不要累赘。

（3）显而易见的测试用例不必完整地用文字描述。因为此时文字描述的价值不大、反而消耗时间。

测试人员根据模块的需求和设计说明书，撰写《测试用例》，格式见表3-6。最好由开发人员审阅《测试用例》，提出改进建议，双方达成共识。

表3-6　测试用例

用例名称		项目名称	
对应模块		撰写人	
前提条件			
输入／动作		期望的输出	
示例：典型值…			
示例：边界值…			

续表

示例：异常值…	
审阅人／意见	

3.4.2.3 构建测试环境

测试人员（和开发工程师）构建测试环境，注意测试环境要尽可能接近用户的实际运行环境。

3.4.3 执行测试

测试人员执行测试，填写测试报告，见表3-7。

表 3-7　测试报告

目录/用例名称	测试人员	测试记录/结论	测试时间

3.4.4 缺陷跟踪

缺陷跟踪如图3-2所示，缺陷跟踪表见表3-8。一般步骤如下：

第1步。测试人员（报告者）如果发现缺陷，则记录缺陷的详细信息，报告给开发人员（接受者）。此时缺陷的状态是"新的"。

第2步。开发人员处理缺陷，此时缺陷的状态是"正在处理"。

提示：如果开发人员把缺陷状态设置为"不做处理或延后处理"，则项目经理召集相关人员评审那些"不做处理或延后处理"的缺陷，给出"处理"还是"不处理"的决定。

第3步。如果开发人员消除了缺陷，则把缺陷的状态设置为"解决待关闭"。

第4步。测试人员重新测试该缺陷对应的功能，如果确定缺陷已经消除，则把状态设置为"关闭"。如果发现该缺陷没有解决，则可以"重新打开"缺陷，回到第2步。

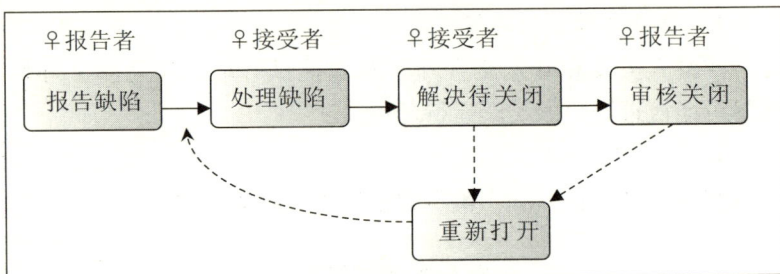

图3-2　缺陷跟踪的流程

表3-8　缺陷跟踪表

缺陷编号		缺陷类型	
严重性		紧急程度	
缺陷描述			
报告者		报告时间	
接受者		期望完成日期	
缺陷解决方案			
当前状态		实际完全日期	
审核关闭意见			

3.4.5 消除缺陷

消除缺陷的第一步是找出缺陷的根源，如同医生治病，必须先找出病因才能"对症下药"。开发人员必须从结果出发，逆向思考。一旦找到了根源，开发人员通常知道如何消除缺陷。

　　查找缺陷的基本方法是"粗分细找"。对于隐藏得很深的Bug，应该运用归纳、推理、"二分"等方法先"快速、粗略"地确定错误根源的范围，然后再用调试工具仔细地跟踪此范围的源代码。

　　开发人员在改错时，要注意以下事项：

　　（1）找到错误的代码时，不要急于修改。先思考一下：修改此代码会不会引发其它问题？如果没有问题，可以放心修改。如果有问题，可能要改动程序结构，而不止一行代码。

　　（2）有些时候，软件中可能潜伏同一类型的许多错误（例如由不良的编程习惯引起的）。好不容易逮住一个，应当乘胜追击，全部歼灭。

　　（3）在改错之后一定要马上重新测试，以免引入新的错误。改了一个程序错误固然是喜事，但要防止乐极生悲。更加严格的要求是：不论原先程序是否绝对正确，只要对此程序作过改动（哪怕是微不足道的），都要重新测试。

　　（4）上述事情做完后，应当好好反思：我为什么会犯这样的错误？怎么能够防止下次犯相似的错误？最好能写下心得体会，与他人共享经验教训。

3.5 交付与验收

　　如果是合同项目，那么由客户方负责人指定"试用人员和验收人员"。如果是自主研发产品，那么由产品经理（或公司领导）指定"试用人员和验收人员"。

　　交付与验收的流程见图3-3。

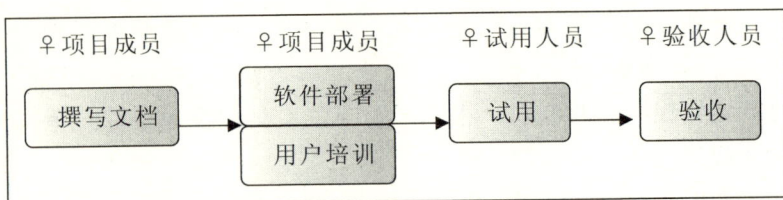

图 3-3 交付与验收的流程

3.5.1 撰写文档

当项目开发完成并通过测试之后，项目经理指定项目成员及时撰写《安装手册》、《使用手册》、《软件部署说明书》等必需文档。

3.5.2 软件部署

项目经理审阅《软件部署说明书》，模板见表 3-9，如果发现问题，则及时指正。项目经理确认无误后，再指定项目成员为客户（或者本公司）部署软件系统：

◇ 安装（或更新）软件系统，迁移数据。

◇ 初始化业务数据，确保软件能够正常运行。

注意：部署的软件系统必须是从配置库中提取已经测试通过的软件包。最好通过 Internet 进行远程部署，节省交通费用和时间。

表 3-9 软件部署说明书

软件名称		撰写人	
1. 部署环境说明（硬件和软件系统） 2. 需要初始化的数据 3. 需要迁移（升级）的数据 4. 注意事项			
项目经理 审阅意见			

部署过程中的主要事项记录	

3.5.3 用户培训

项目经理指定项目成员（即讲师）负责给用户培训。讲师和用户商定培训计划（确定时间、地点、人员批次等）。

讲师按照计划给客户培训，并填写《客户培训记录》，模板见表 3-10，作为培训服务的依据。

表 3-10　客户培训记录

讲师	
课程名称	
培训时间	
地点	
客户名称	
学员	
培训内容介绍	
相关资料	
客户签字确认	

3.5.4 试用和验收

项目成员把软件部署到用户指定的机器上，用户试用软件。

在试用期间内，如果用户发现软件中存在严重的 Bug（如死机、数据丢失、无法运行等），则开发方应当在 24 小时之内给出解决问题的措施。如果超过试用期，开发方仍然没有完全消除用户报告的 Bug，那么试用期顺延，直到开发方完全消除用户报告的 Bug 为止。

如果用户在试用期间内没有报告严重 Bug，那么试用期结束时，视为顺利通过试用。

如果试用期间，用户提出改进需求，以及报告了一些不严重的缺陷，开发方应将其作为正常维护工作来处理，不延误用户验收产品。

用户在试用软件的过程中，将发现的 Bug 以及对软件的建议及时告知开发方。项目经理和开发人员及时处理用户反馈来的 Bug 和建议。

◇ 对于用户发现的 Bug，开发方应当立即纠正。

◇ 对于一些难以马上实现的有益建议，由项目经理（或上级领导）决定如何处理。

◇ 开发方应当及时把处理结果回复给用户，否则用户可能因得不到开发方的重视而降低试用的积极性。

3.6 软件维护

软件维护可以划分为两大类：

◇ 纠错性维护。由于前期的测试不可能揭露软件系统中所有潜伏的 Bug，用户在使用软件时仍将会遇到 Bug，诊断和改正这些 Bug 的过程称为纠错性维护。

◇ 完善性维护。在软件的正常使用过程中，用户还会不断提出新的需求。为了满足用户新的需求而增加软件功能的活动称为完善性维护。如果需求变更很大，那么完善性维护将转变为软件新版本的开发（即新的项目）。

软件维护的一般流程见图 3-4，主要活动有"接受维护请求""分析维护请求"和"执行软件维护"。

图 3-4　软件维护的一般流程

3.6.1 接受维护请求

公司应当建立通畅的软件维护通信渠道，包括网站、电话、E-mail 等手段。

客户通过各种渠道向公司的客服人员提出软件维护请求。本公司客服人员记录这些维护请求，然后指定维护负责人：

◇ 如果公司有专门的维护小组，那么客服人员把维护请求转发给维护小组负责人。

◇ 如果公司没有专门的维护小组，那么客服人员把维护请求转发给该软件的项目经理。如果项目已经结束，则转交给开发部门的领导。

3.6.2 分析维护请求

维护负责人接到维护请求后，进行分析：

（1）对于"纠错性维护"，首先确认 Bug 的真实情况；然后指定维护人员，协商安排修改 Bug 的任务进度，最后告知客户相应的维护计划。

（2）对于"完善性维护"，负责人要综合分析"客户需求建议"的价值，以及本公司的开发资源，然后决定"何人、何时"修改软件。

3.6.3 执行维护

维护人员根据商定的计划执行维护（修改 Bug 或改进软件）。注意事项：

（1）维护人员修改软件后，必须通过测试，确保没有引入新的错误之后，再去更新那些受影响的客户的软件。例如发行"软件补丁"。

（2）维护人员必须严格遵循"软件配置管理"规范，避免软件代码版本发生混乱。

（3）维护人员及时填写"维护记录"，说明自己做了什么事情和相应的工作量。这一不仅便于对维护工作进行统计分析，将来在业绩考核时候也用得上。格式见表3-11。

表3-11　维护记录

所属项目/产品	所属客户	维护内容	维护工作量	维护日期

第 4 章　支持过程

就家族企业管理来说，其管理过程的最佳实践是一种企业的过程资产。这种管理知识，属于个人的时候，是个人资产；属于企业的时候，就是企业的资产。企业的资产并不仅仅是银行账号中的数字，企业的财务报表并不能完全代表企业的真正价值。正如个人的资产，并不是仅仅是口袋中钱包的价值。企业的过程资产，管理得好，就会具有巨大的价值，但如果管理得不好，企业的过程资产也许就一钱不值。定义级全面项目管理初始化系统，仅仅包含周报与日志；管理级全面项目管理系统涵盖配置管理、档案管理。为体现全面性，本说明书进行了全面的描述，以方便家族企业 EPG 小组人员阅读与学习。

4.1 配置管理

4.1.1 配置管理的概念

配置管理（Configuration Management，SCM）是指通过执行版本控制、变更控制等过程，以及使用合适的配置管理软件，来保证所有配置项的完整性和可跟踪性。配置管理是对工作成果的一种有效保护。

企业开发和管理过程中会产生许许多多的工作成果，例如文档、程序和数据等。它们都应当被妥善地保管起来，以便查阅和修改。如果把所有文件一股脑地塞进计算机里，那么使用起来肯定很麻烦。毫无疑问，人们应当将文件分门别类、有条理地保存起来。实际上所有具有高附加价值的工作与工程都是这样。

凡是纳入配置管理范畴的工作成果统称为配置项（Configuration Item），配置项主要有两大类：软件代码（源代码）和文档（咨询项目就是咨询文档与调研模型；其他家族企业的 EO 项目，我们都可以把其分成产品与产品的实施，工程与工程的实施）。非软件开发类的项目，实际上也会具有源代码，项目过程中的实施方法就是其源代码。自古以来的所有军事著作，在全面项目管理模式下，都被看作是一种源代码。

每个配置项的主要属性有：名称、标识符、文件状态、版本、作者、日期等。所有配置项都被保存在配置库里，确保不会混淆、丢失。配置项及其历史记录反映了软件的演化过程。

基线（Baseline）由一组配置项组成，这些配置项构成了一个相对稳定的逻辑实体。基线中的配置项被"冻结"了，不能再被任何人随意修改（即变更控制）。基线通常对应于开发过程中的里程碑（Milestone），一个产品可以有多个基线，也可以只有一个基线。基线的主要属性有：名称、标识符、版本、日期等。通常将交付给客户的基线称为一个"Release"，为内部开发用的基线则称为一个"Build"。

家族企业在打算进入到管理级的时候，会把高附加值的工作进行配置管理。如果家族企业具有工厂，那么对于工厂的 EPR 等内容就非常值得配置化。我们说的 ERP 并不是特指计算机系统，而是系统的内涵。任何自动化控制的基础，都是基本的管理逻辑。家族企业要做的工作，是把这种管理内涵进行配置，而非其他。能够把企业的管理内涵总结完善并系统化的人，一定是企业的栋梁之材。所以但凡帮家族企业完善这个工作的人员，应该给以极高的企业贡献基金点数的奖励。做配置管理的目的是持续优化，而配置管理可以让人们不断地站在前人的肩膀上做事情，这是企业百年精神的核心。

中国文化一般都会弥漫着一朝天子一朝臣的态势，全盘否定前任是最快建立权威的方法，家族企业一定要避免这样的事情。当破坏者易，做建设者难，要从难避易。

4.1.2 代码管理的一般规则

代码管理并不是特指计算机语言，而是所有程序的统称。比如我们开一个临时会，开会应该采取的程序，是一个代码。新员工入职程序，既是一个代码也是一个文档。它包含了企业应该如何面对员工，员工如何开始他的第一周工作，员工如何面对企业的细节。因为这个程序是相对固定的，所以它从一个代码上升为一个文档。一般来说，EO 组织建立的程序，开始时都是代码，而这个代码被企业复用后，就成了公司级文档。对于家族企业来说，三十年过后，人们总是还会记得三十年前企业的人员名字，非常了解他们的一生是怎么样度过的，他们为后人创造了什么。而非家族企业，今日立下汗马功劳的人员，也许 10 年后就被人遗忘了。人们无法从前人的得失中学到经验，也无从感恩之心，永远都停留在野蛮的个人机会主义阶段。

代码管理的特征：

◇ 开发人员可能多次更新代码，可能对整个目录进行"检出/检入"（checkout/checkin）操作，文件数量多，对实时性要求比较高。

◇ 代码的版本结构可能比较复杂（例如产生分支），对代码管理工具的功能要求比较高。

◇ 一般地只有开发人员可以"检出/检入"代码，非开发人员不必（也不该）访问代码库。

所以开发人员应当采用专业配置管理工具来管理所有的软

件代码，常见配置管理工具有 CVS、SVN、VSS、Clear Case 等。家族企业可以根据自己的情况，自己定义自己的配置管理工具（在信息化领域，我们有时也会把这个工作叫作企业知识管理平台），其代码管理的一般规则如下：

◇ 项目经理（或 PMO）指定项目的配置管理员。

◇ 配置管理员创建本项目对应的配置库，其目录结构与开发环境的目录结构保持一致。

◇ 配置管理员为每个项目成员分配配置库的操作权限。一般地，项目成员拥有"检出/检入"等权限，但是不能拥有"删除"权限。具体操作视所采用的配置管理工具而定。

◇ 项目成员根据自己的权限操作代码。

◇ 如果要修改已经发布了的代码，必须遵循"申请–审批–执行"的变更管理流程。

4.2 文档管理

4.2.1 文档管理的特征

文档管理的特征：

◇ 文档的主要用途是交流，交流越充分则文档的价值就越高。所以除了开发人员，不少相关人员（例如领导、营销客服人员等）都可能访问文档库。

◇ 人们一般不会频繁地修改文档，文档的版本结构很简单（一般不会产生版本分支），对文档管理工具的功能要求不高。

◇ 人们并不局限在办公室里使用文档，可能出差在外地、也可能在家里使用文档。

◇ 一般地，企业领导和营销客服人员不会使用 CVS、SVN、VSS、Clear Case 查看文档（对他们而言这些工具都太复杂了），使用 Web 方式对他们而言最方便。

◇ 采用基于 Web 的文档管理工具来管理文档，文档管理工具通常和本公司的网站链接。这样人们可以在任何地方通过 Web 方式访问他需要的文档（前提条件是拥有访问权限），非常方便。

4.2.2 项目文档管理的一般规则

项目文档管理的一般规则如下：

◇ 执行官创建项目文档库，至少确定文档库的三级目录，以确保文档的内容能够充分地表现工作的状态与结果。

◇ 执行官为每个项目成员分配文档库的操作权限。一般地，项目成员拥有上传、下载、更新等权限，但是不能拥有"删除"权限。具体操作视所采用的文档管理工具而定。

◇ 项目成员根据自己的权限操作文档（建议时间间隔不超过 1 周）。

◇ 如果要修改已经发布了的重要文档（例如需求文档、设计文档、项目计划），必须遵循"申请–审批–执行"的变更管理流程。

4.3 质量保证

质量保证（QA）是指检查项目的"工作过程和工作成果"是否符合既定的规范。

符合规范的工作成果不见得就是高质量的，但是明显不符合规范的工作成果极可能是不合格的。例如开发人员没有使用配置管理工具，开发人员没有写需求文档就开始编程等，这些问题可以在过程检查中发现。质量保证的要点是：找出明显不符合规范的工作过程和工作成果，及时督促相关人员纠正问题。

审计人员（也可以是 PMO 人员）检查所有项目的过程质量和成果质量。项目内 QA 人员根据项目特征，制定"质量保证检查表"，格式见表4-1。每个检查点的检查结论有3种：通过、未通过、免检。

QA人员在检查的时候，如果发现问题，应该立即记录下来。QA人员首先设法在项目内部解决已经发现的质量问题，与项目经理协商，给出解决措施。在项目内难以解决的问题，由上级领导给出解决措施。

表4-1　质量保证检查表

过程域／检查点	计划检查日期	最新检查结果	最新检查人	最新检查日期
		通过、未通过、免检		

4.4 日志和周报

项目成员应每天撰写工作日志，记录每天的主要工作内容，格式见表4-2。

表4-2　工作日志

撰写人		日期	
所属项目		工作量	
日志内容	1. 当天主要工作记录 2. 遇到的问题和对策		

项目经理撰写《项目周报》，抄送给领导和项目成员，格式见表4-3。

表4-3　项目周报

报告名称		所属项目	
报告人		报告日期	
本周工作汇报	1. 任务进度情况 2. 项目成本情况 3. 项目质量情况 4. 客户情况 5. 存在的问题和对策		

4.5 绩效评估

4.5.1 定义绩效体系

（1）绩效体系的构成要素如下（见表4-4）：

所谓绩效评估，不是为了评估谁是团队中表现最差的，而是要评估出谁是团队中最优秀的。指标的设定可以按照人力资源的360度考核来确定，但我们只评选两种人：可以奖励与提升的人员与可能需要淘汰的人员。评估所有人员是没有任何意义的事情，是层级官僚主义、提升自我权威的方法，家族企业应该坚决抵制它。

表4-4　绩效体系

绩效评估类型	绩效指标名称	最高分值	评分标准（一段文本）
绩效类型 X	X1		
	X2		
	X3		
绩效类型 Y	Y1		
	Y2		
	Y3		
……			

续表

绩效等级	A 级（优）	X 级（差）
分数范围		

4.5.2 填写绩效表格

绩效评估的一般流程：按照指定的绩效评估表，员工先自我评估，再由上级领导评估（可以多级评估）。采用评分分数的方式，是一种不科学的方式，但是这种方式盛行于各个企业。定义级系统，依然采用了这样的方法，而管理级完全由计算机来进行算法计算。之所以定义级需要如此，是因为本系统必须有一个开始，只有当系统的数据足够多的时候，计算机的人工智能 AI 才能工作，格式见表4-5。

表4-5　绩效评估表

姓名：		标题：		
绩效类型：		所属项目：		
绩效起止时间：		填写时间：		
指标名称	最高分值	自评分	领导甲评分	领导乙评分
总分				
绩效等级				
自我评价	一段文本			
领导甲评价	一段文本			
领导乙评价	一段文本			

4.6 知识库管理

第1步。知识库分类，例如流程制度、缺陷知识、可复用模块、经验教训等。

第2步。任何员工都可以填写"知识入库申请单",见表4-6。

第3步。知识库管理员审批"入库申请单"(挑选有价值的知识,避免信息泛滥)。

第4步。凡是应用了知识库的人员,都要填写应用记录。

第5步。对知识库的学习、应用情况和员工贡献,进行统计分析。

表4-6　知识库表格

1. 申请			
名称			
类型			
描述			
申请人			
申请入库时间			
2. 审批			
审批人			
评审结论	同意 / 不同意		
审批意见	一段文本		
3. 应用记录			
应用说明		应用时间	应用负责人

凡是入选知识库的个人知识,其个人账户的贡献基金将增加50点~300点。被其他人应用的知识,则根据应用的价值,由应用负责人提出申请,应用负责人向贡献人奖励基金点数。

第5章　企业资源系统

5.1 人力资源

人力资源工作分为两大模块，一个是人力资源管理，一个是人力资源开发。人力资源管理，主要是招聘与选择、薪酬与福利、员工关系与绩效管理。在系统中，招聘与选择的主要内容与工作体现在员工简历模块中。员工关系与绩效管理不仅仅是单纯人力资源岗位角色的事情，其主要操作者为企业中层干部，具体内容包含在过程域模块中，本模块主要操作者是人力资源。人力资源开发包含员工的职业发展、组织发展、员工教育发展训练以及社会资源库，员工的职业发展系统是以公司历程之测试开始的，用人力资源测试来为员工确定其个人的发展方向与培训训练方向。组织发展是由管理委员会主导，人力资源操作的企业战略管理内容。在系统中其主要内容包含在审计大模块中，定义版只包含个人贡献基金。员工教育发展训练实际上就是企业大学概念，包含在公司历程的训练与知识管理中。

5.1.1 员工简历

（1）数据的录入：①简历倒入；②入职面试过程结果；③人力资源年评。

（2）员工数据表：员工数据表是一个全面的整合表，包含员工的入职测试结果、晋升测试结果、基本简历、在本公司的各种历程数据。

员工简历是与社会资源库联系起来的。对于家族企业来说，我们应该建立社会资源库，但凡给家族企业投递过自己简历的人员，都需要进入到社会资源库。社会资源库每个家族人员都可以具有权限进行查询与浏览。对于家族企业来说，人才是企业最重要的资源，而这个资源一般都会被官僚主义所浪费。官僚主义是不会完全杜绝的，所以我们需要采用这种方法。家族人员如果发现社会资源库中，有让你心动的对象，任何人都可以向公司提出建议，进行联络。假如家族人员是一个伯乐的话，家族企业也应该为这样的行为对家族人员给予极高的企业贡献基金奖励。

5.1.2 公司历程之测试

系统初始化时只包含两个测试内容，其测试内容可以自由编辑与增加。其主要目的是测试每个员工的"勇""智""仁""信""忠"五个指标与对于每个人自己最合适的学习道路与发展道路应该是怎么样的。

（1）员工人格特性测试：确定炎煌人力资本的个人八卦五行元素。（测试题库略）

（2）员工学习风格测试：确定四种风格。行动型、反思型、理论型、实用型。（测试题库略）

（3）员工学习内容测定：确定学什么？谁来学？怎么学？学多少次？外部购买还是内部开发。

个人能力模型设定：本系统的个人能力分为 4 个方向，12 个子项目与 33 个具体的能力。个人能力的设定，是由人力资源与其领导根据模型的定义，以系统的设计题库、场景考核、面谈、日常工作交代等测试原形，对其进行总体确定（评分必须有相应的原形数据）。

5.1.2.1 个人能力评估

个人能力分为：业务技能、管理技能、业务发展技能与专门知识四大类。其中，业务技能分信息处理能力、系统思维能力、具体实施能力三个子项目；管理技能分个人发展能力、人员发展能力、财务管理能力、组织能力四个子项目；业务发展技能分为产品服务推销能力、客户关系管理能力、市场营销能力；专门知识为行业知识与职能业务知识两类子项。

表5-1　业务技能模型

测试人 身份证号		测试年度	
测试人		评估人	
内容	说明	评分	相关文件与工作测试原形
信息收集	按关键路径收集数据，以支持基于事实的决策		
信息分析	有效地组织信息，以促进基于事实的决策		
归纳汇总	将分析结果综合成具有说服力的报告		
创造性方案	制定创造性解决方案，寻找持续改进的机会		
流程分析和设计	优化业务流程		
工具使用和操作	对具体的工具和技术的掌握		

测试人身份证号		测试年度	
测试人		评估人	
内容	说明	评分	相关文件与工作测试原形
工作进度控制	按既定工作计划完成任务		
工作质量控制	保证工作质量符合企业要求与标准		
费用控制	预算的精确度控制		
方案设计	具备何种规划设计能力		

表 5-2　管理技能模型

测试人身份证号		测试年度	
测试人姓名		评估人	
内容	说明	评分	相关文件与工作测试原形
知识技能传授	企业内部知识技能的交流		
职业发展发展设计	为下属的职业发展制定计划		
个人职业发展设计	制定创造性解决方案，寻找持续改进的机会		
新知识的学习和运用	通过新知识和技术，提供创造性		
测试人身份证号		测试年度	
测试人姓名		评估人	

续表

内容	说明	评分	相关文件与工作测试原形
预算的制定与控制	周密的预算能力与严格按照预算的操作能力		
财务与资金管理知识	财务分析与资金管理技能		
工作计划	制定明确的，可实施的工作计划		
团队管理	建立并维持高效的团队		
沟通协调	企业内外信息沟通与工作协调		
监督指导	监督工作的进展，并提出建设性意见和建议		
评估考核	对下属作出公正全面的评价		

表 5-3　业务发展模型

测试人身份证号		测试年度	
测试人		评估人	
内容	说明	评分	相关文件与工作测试原形
产品知识			
销售技巧			
测试人身份证号		测试年度	
测试人		评估人	
内容	说明	评分	相关文件与工作测试原形

客户档案管理		
服务意识		
发展新客户		
内部协调		
行业市场知识 市场分析能力		
市场拓展		

5.1.2.2 测试

以上评估分为 5 分制。专门知识测试为 100 分制，系统使用人员自行设定考核题库。我们已经知道不同的岗位需要不同的思维模式，最优秀的企业一定是根据人的天赋来确定其工作岗位的。对于家族企业来说，我们已经知道负责家族企业基金管理的人员，其人格与行为特征，一定是一个与家族企业经营者完全相反的。真正的职业基金管理者，不是善于让基金增值的那个人，而是懂得如何去止损的那个人。基金交易是世界上包含欺诈最多的职业，非经特殊的职业培养，从业者的情绪是其职业的天敌。企业的经营一定要顺应人的天性来运作；而基金交易，一定要逆人性而运作。

5.1.3 公司历程之训练

本系统的公司之训练其主要使用操作为，由每个员工自己选择学习与训练的内容：包含四个大类，"射""御""乐""舞"。每个类别下再生不同技能与技术。不同行业的公司，其具体内容应该是不同的。系统初始时，只包含基本的平台单元。其四大类别的具体内容，"射"主要是公司本行业专业知识与营销类的专业知识的课件，射模块主要是技能类的学习项目。"御"是公司管理类的技能知识课件。"乐"是培训反馈互动与评估，是一个在线培训平台与学习平台。"舞"实际上就是员工个人贡献基金的反映窗口与培训考核单元。系统确定凡是考核不成功，每个人有两次补考的机会。补考不及格，如果是基本技能考核，则下岗；如果是晋升考核，则不晋升。

（1）射。射模块主要是技能类的学习项目。属于上岗考核的内容的学习训练。

（2）御。御模块按照"勇""智""仁""信""忠"五个子单元划分。系统中统称为"某堂"。每堂都有堂主，堂主下设有版主，其课程内容由版主与堂主确定。御模块是一个全员参与，非企业正式培训的一个单元。

（3）乐。这是一个在线培训的健康管理与娱乐平台，支持视频同时在线人数，默认限制为 50 人。它是一个相对独立的单元系统，本模块包含通过穿戴式传感器，感应员工的身体健康数据的健康管理。对于企业外勤人员，通过自动获取的个人行动路线，系统可以判定其拜访的效率（系统自动与其工作日志进行数学算法的分析）。

（4）舞。是考试单元，与测试单元的考核不同的地方是：测试单元题库的设计与管理人为人力资源，而这个单元为所有人，即所有人都可以做，个人的方案在得到企业认定后，获得个人贡献基金奖励。功能树为：①考试题库的设计。②考核。③评估。

（5）数据初始化。员工绩效数据的引入，由系统自动从绩效与测试模块中导入相关字段，在此处主要输入一个字段：即根据绩效与测试考核，明确个人的培训需求。与公司之训练的需求不同的是，这是公司行为。在培训申请工作流中，个人申请到人力资源后，其操作窗口在此需要加入这个字段。根据这个表，人力资源的批准有效。

第一，培训方针与培训目标发布。

表5-4　培训方针与培训目标发布

_____年度培训方针：
培训目标
1. 中高级管理人员培训升迁____名　　2. 岗位资格认定____个专业 3. 外聘专家____名　　　　　　　　4. 技能培训有效性____% 5. 新入职员工培训合格____%　　　　6. 建立培训案例____个 7. 管理类课题开发教材____类

第二，培训管理职能负责人与斑竹任命书。

第三，建立学员培训与训练档案。

第四，相关工作流程设计：默认流程见《企业大学平台》。

第五，胜任力模型：根据公司的岗位确立的工作能力重要性排序。

第六，培训申请。是一个WAB接口，员工根据WAB上设定的培训与训练内容进行培训申请。采用本系统的工作流单元。其具体内容见《企业大学平台》。之所以采用这样的设计，是实现企业知识的输入，最后达到企业知识的输出的目的。

5.1.4 个人贡献基金

个人贡献基金是指个人对企业的直接贡献度，其数据来源有多个：一个是直接项目的自动奖励，一个是由知识管理系统的累计计算，还有企业的整体绩效奖励。其操作人为PMO办公室主任。企业每个人都可以在自己的工作台界面上看到自己的资金数目，其数据库统一在人力资源个人数据表中。流程如下：

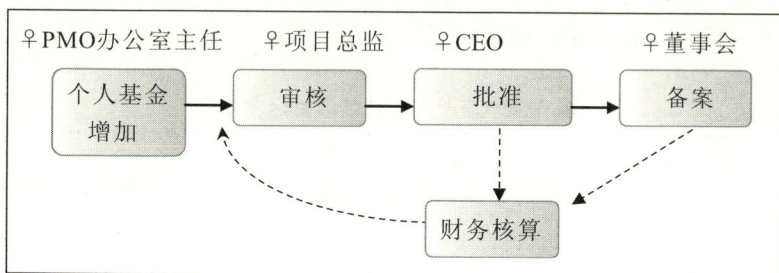

图 5-1　个人贡献基金

5.1.5 薪酬管理

由于家族企业采用全面项目管理方式进行运作，所以其薪酬管理方式与一般企业不一样。其基本工资就是其行政级别的工资，而项目工资是其参与项目，在项目中扮演角色的工资。这部分工资分两部分，其中一部分是项目奖金。在这种体制下，家族企业的项目实施与操作人员的薪酬超过家族企业的总经理是常常发生的事情。在家族企业产生家族办公室或者家族委员会后，其家族人员薪酬的制定，一般都是指基本工资的确定。其项目工资是项目操作团队进行确定的，企业级或者组织级的管理者不直接参与这方面的制定。

（1）基本工资。

（2）项目工资。

（3）社会福利。

5.2 费用管理

由于历史阶段的原因，中国企业的财务管理系统，主要是为政府管理企业服务的，而不是真正为企业服务。所以定义级全面项目管理平台，依然采用国家推荐的软件系统。本系统仅仅含费用管理，显示每个项目的预算，以及预算的使用情况。含四个审批流程。行政类开支，也按项目立项，家族企业的所有管理（内控）部门都以提供服务的形式，每半年或一年冲抵这些开支。一般来说，公司的核心运营团队的工资不计算在运营成本中，由董事会的账户进行开支。公司设定控股公司管理后，这部分的预算由控股公司按战略投资预算资金开支，并从战略回收提留、信息中心系统使用服务费、人力资源中心服务训练费、项目管理费等科目进行回收补充。

5.2.1 行政预算审批

预算审批表见项目成本管理栏目，流程如下：

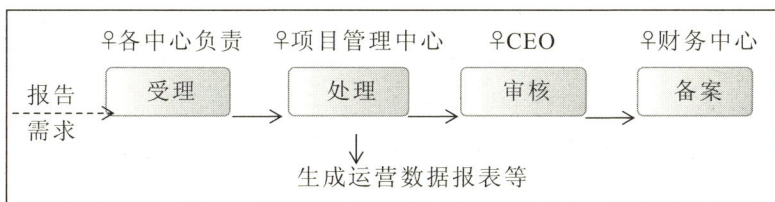

图 5-2 运算审批表项目成本管理栏目

5.2.2 项目预算审批

参阅行政预算审批与项目成本管理

5.2.3 采购外包审批

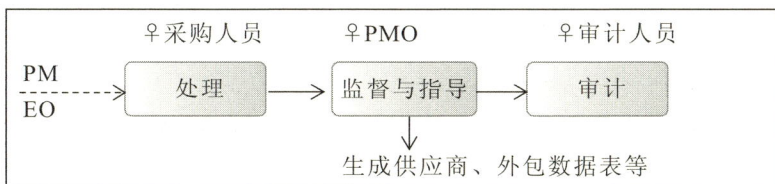

图 5-3 采购外包审批

采购二级流程：

（1）提出获取资源的策略

（2）建立合格供应商库

（3）评估与选择供应商

（4）制定合同并保护组织的利益

PMO 二级流程：

（1）识别和分类第三方服务关系

（2）定义与记录供应商管理程序

（3）建立供应商评估和选择的方针与程序

（4）识别和减轻供应商风险

（5）监控供应商服务的交付

5.2.4 报销审批

费用报销需要 PMO 立项后，产生项目号后，按每个人独立的基金，按项目的大小由确定的项目百分比进行报销。报销分行政费用报销与项目费用报销，行政费用报销走部门的审批预算，审批人为 CEO。项目报销审批人为项目经理或者 EO。

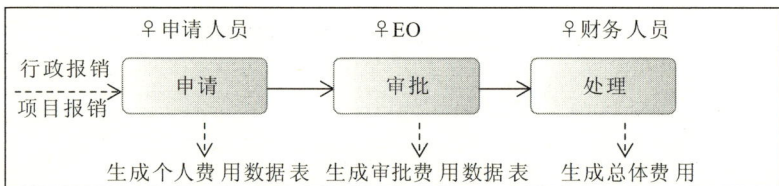

图 5-4　报销审批

5.3 一站式服务

客户服务流程如图 5-5 所示，主要活动有：受理，处理，审核关闭，客户反馈。该流程的主要工作成果和责任人见表 5-5。

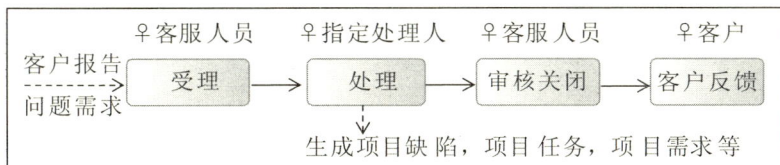

图 5-5　客户服务流程

表 5-5　客户服务流程的成果清单和责任人

主要活动	主要工作成果	主要责任人
受理		客服人员
处理	一站式服务记录	指定处理人
审核关闭		客服人员
客户反馈		客户

5.3.1　受理

客户通过各种途径报告问题（包括问题、需求、建议等）。客服人员记录客户问题，并指定处理人，模板见表 5-10。

5.3.2　处理

如果处理人能够直接解决客户问题，则填写处理说明，把状态置为"解决待关闭"。如果问题比较复杂，可以生成"项目任务、项目缺陷、项目需求"等。若"任务、缺陷、需求"都已经完成，再把客户问题的状态置为"解决待关闭"。

5.3.3　审核关闭

当客户问题的状态为"解决待关闭"时，客服人员验证这个问题。如果的确已经解决，则把状态置为"关闭"，并填写关闭说明。

5.3.4　客户反馈

客服人员告知客户其问题已经解决，并获取客户的反馈意见。

表 5-6　客服跟踪表

标题		编号	
客户/联系人		客服类型	
内容			
受理人		受理时间	
受理说明			
处理人		处理时间	
处理说明			
关闭人		关闭时间	
关闭说明			
客户反馈			

5.4 家族企业情报分析系统

管理级全面项目管理系统模块，略。